「今ここにある自分」に意識を向ける

マインドフルネスこそ最強のクスリ

脳神経内科医・医学博士
山下あきこ

スール

はじめに

私はこれまで内科の医師として、たくさんの患者さんを診察してきました。そして、たくさんのうまくいかない経験をしました。話を聞いて、検査をして、生活習慣を改善するアドバイスをして、薬を出して…。

やるべきことはやったはずなのに、患者さんの病気はそれほど良くならないのです。そして、また別の検査をし、薬をあれこれ変更したり追加して、飲む薬が増えていき、結局他の病院に行かれることもあります。そんなときは、自分はヤブ医者だなとガックリと肩を落としてしまいます。

一方で、私が患者さんの話に耳を傾けると、涙を流して語り出し、

「先生と話をしただけで、楽になりました」

と、スッキリした顔で診察室を出ていく患者さんも多くいます。そんなときはスタッフから、「先生はすごい、マジックだ」とほめられ、(医療的なことは何もしていないのに)名医と言われたような誇らしい気持ちになります。

なぜ、ある人はうまくいかず、ある人はうまくいくのでしょうか？ 私は一つの違いを見つけました。それは、患者さんが自分の内面と向き合っているかいないかです。

つまり、自分の内側に意識が向いていない人は、病気の元を探すのに必死になり、よくなる薬を求め続けるので、自分の思考、感情、行動が変わることはありません。もしそこに原因があったら、全く手が届いていないことになります。

自分の内面に意識が向けることができた人は、あたふた周りばかりを見ることなく、落ち着いて問題点を観察し、何をすべきか判断できるようになるのです。

内科は、内臓の病気をみる診療科です。だから「話を聞いてもらうだけで体の症状が良くなった」と言う人がいると、周りの人は「ああ、あれは単なるストレスだったのね。（内科の病気じゃなかったのね）」と思われるかもしれません。

つまり、こんな考え方です。


ストレスによる症状＝心の病気＝内科の病気じゃない

本当にそうでしょうか？

内科の病気と心の病気は線で分けられたように区別できるものではありません。ストレスが原因で内科の病気になる事例はたくさんあります。内科に限らず、腰痛やがんなども精神的なストレスが深く関わっています。

ストレスによってホルモンの分泌や血管や細胞の働きが変化するので、気のせいではなく本当に病気は作られていくのです。

しかし裏を返すと、ストレスとうまく付き合えるようになれば、さまざまな病気を克服できるかもしれないということではないでしょうか。

心と体が別物だと考えていると、「調子が悪いのは内臓が弱いせいだ」「薬が合わないせいだ」「隠れた病気があるに違いない」など、自分ではないところに原因を探しにいきます。もちろん、きちんと内臓や他の病気について調べることは必要です。しかし同時に、自分の心や感覚にも目を向けるべきなのです。

「今どんなストレスを抱えている？」
「私の喜びは何？」
「何が心地よくて、何が不快に感じる？」

このように自分の心と体の声に耳を傾けることができたら、暗闇にろうそくの火が灯るように、見えづらかった内面が徐々に見えるようになります。

自分の心と体の声に耳を澄ます手法、それがマインドフルネスです。マインドフルネスは気づきの力を高め、治癒力を高めるトレーニングです。

毎日続けるほどに、脳や体に変化が起こり、人間関係は良くなり、集中力や記憶力も向上します。

マインドフルネスは、薬や健康食品のように、はっきりと目に見えるものではありません。だから信じられないという人も多いようです。しかし、電力、磁力、重力など、目には見えないけれど私たちに大きな影響を与え続けているものはたくさんあります。見えない心の力が体に与える影響とは、どんなものなのか、マインドフルネスが心に与える力はどんなものなのかを伝えたいと思い、この本を書きました。多くの悩み解決に役立つよう、たくさんの事例を用いてご紹介します。

一度きりの人生をできるだけ健やかで快適に過ごせるよう、今日からマインドフルネスを取り入れてみませんか？

目次

第2章　マインドレスが病気を作る

第3章　基本の実践方法——メインメニュー

第4章　さらに効果を上げるための方法――サイドメニュー

第5章　こんなふうに取り入れてみよう

第1章

なぜ、マインドフルネスが健康に良いの？

1　マインドフルネスとは？

「マインドフルネス mindfulness」を辞書で引くと、「注意深さ」と書いてあります。Mindful は、注意を払うことで、-ness は、状態を表す接尾語です。つまり、「注意を払っている状態」とも言えます。心ここにあらずではなく、「今、ここにある自分にしっかりと意識を向けている状態」のことなのです。そうなるための「技術」でもあります。

言葉で説明されてもピンとこないかもしれませんので、イメージしてみましょう。

あなたは今、レストランにいます。

運ばれてきた色鮮やかなランチプレートからはいい香りが漂ってきます。お腹がグウとなって、空腹に気づきます。

最初の一口を食べると、口いっぱいに幸せが広がります。そして、「ああ美味しい。幸せ！」と感じます。

これがマインドフルネスです。

では、もう一つイメージしてください。

あなたは今、テレビを見ながらポテトチップスを食べています。バラエティ番組を見て笑いながら、無意識にポテトチップスを袋から取り出しては口に運びます。気づくと袋が空になっていて、「あ、もう食べ終わっちゃった」と気づきました。味がどうだったのか、あまり記憶にありません。

こんなときは、食べているのに食べていることに意識が向いていないですね。これはマインドフルネスとは真逆の状態です。

せっかくの食べ物を味わいもしないで食べている人がなんと多いことか。とてももったいない過ごし方ですよね。

食べ物だけではありません。

仕事をしながら週末のレジャーのことを考え、家族と旅行をしながら仕事のことを考えたりして、目の前のことに意識を向けないで過ごしていることもあるかもしれません。

このような状態ではなく、せっかくの限りある人生、目の前の世界を存分に楽しんで生きようよ、という姿勢がマインドフルネスなのです。

マインドフルネスというと、瞑想をしているところを思い浮かべる人も多いと思いますが、それはマインドフルネスの一部にすぎません。

瞑想をして、自分の呼吸や心に意識を向け続けているとき、マインドフルネスです。同じように、コーヒー一杯を「美味しいなあ」と思って味わうことだって、マインドフルネスなのです。

座禅を組んだり、目を閉じてじっとしたりすることばかりがマインドフルネスではありません。

ただし、マインドフルネスは「状態」を表す言葉なのですが、「マインドフルネスをする」というような使い方もします。

これは、正しくは「マインドフルネスになるためのトレーニングをする」ということです。

現在、マインドフルネスというと、このトレーニングの手法のことを指すことが多いように思います。状態を表す言葉でありながら、手法でもあると理解されると良いでしょう。

2 マインドワンダリングからマインドフルネスへの転換

では、ここからは「マインドフルネスがなぜ必要なのか」ということについて説明しましょう。

あなたは今朝目が覚めたとき、頭にどんなことが思い浮かびましたか？

「今日の予定はあれと、あれと、これもやらなきゃ…」

「昨日は子供に厳しい言い方をしてしまったな…」

「今日の朝ごはんは何を作ろうかな…」

こんなふうに、起きた瞬間からいろんな考えが頭に浮かんでくるのではないでしょうか。

どんな人の脳にも、思考は絶えず繰り返されています。1日に浮かんでくる思考の回数は、4万回から7万回といわれています。歩いていても、お風呂に入っていても、何かしら考えていますよね。

ところが、せっせと頭を働かせていろんなことを考えているように見えても、その思考の90％は、同じ内容の繰り返しです。同じことを何度も考えたってしょうがないと思っても、気になることはやっぱり頭に浮かんできてしまうのです。

考えごとは悪いことではありません。大切なアイデアが思い浮かぶこともあれば、難問についての解決策が見つかることもあります。

しかし、ほとんどの場合、過去や未来のことをなんとなく考えています。数日前の記憶に浸っていたり、「ああ言えばよかった、こうすればよかった」と後悔していたりするのです。

また、これからの予定や将来のことなどを考えているうちに、起こるかもしれない出来事を想定して、過剰に心配になったりします。はじめはただぼーっと考えているだけだったのに、考え続けているうちにネガティブな方に気持ちが傾いていきます。

このように、ぼーっとしているように見えて、いろいろ考えて頭が疲れてしまうのです。

このような状態を、マインドワンダリングと言います。

枝から枝へと飛び回る猿のように、思考が移り変わり、脳がエネルギーを消費し続ける状態です。

マインドワンダリングの状態にあるとき、私たちは目の前の世界を楽しむことができません。

私がマインドフルネスに出会う前のある日のこと。日曜日、少し遠い場所にある水族館に家族で出かけていました。水槽を泳ぎ回る魚やペンギンたちを見て、私も子供も心から楽しんでいました。

そこに、私の携帯電話が鳴り出しました。出てみると、勤務先の病院から患者さんの病状が急に悪くなったという連絡でした。それを聞いた瞬間から、私の意識は水族館から病院にいる患者さんへと飛んでしまい、目の前にある水槽の中の魚も、子供たちの嬉しそうな笑顔も全く楽しいものではなくなりました。頭の中は、患者さんのことや、これからどうすべきかという考えごとでいっぱいになり、ざわざわ、ソワソワし続け、帰宅するまで重苦しい気持ちで過ごしました。

考えごとに気を取られていると、今この瞬間、自分がいる場所、体験していることを存分に味わうことができなくなるのです。

せっかく子供たちが「ねえ、見て、見て！」と話しかけていたのに、眉間に皺を寄せて返事もせず、怖い顔をしていたかもしれません。今となっては、電話の後の自分がどんな様子だったかも思い出すことができません。

では、気もそぞろになっている自分の心に気づいて「指示を出したのだから、結果を待つしかない。今は、子供との時間を存分に楽しもう」と、気持ちを切り替えることができたらどうでしょうか。

心が徐々に落ち着き、心は穏やかになり、楽しい子供との時間が戻ってきます。

そうは言っても、私たちは「今ここに意識を向けよう」と決意をしても、心はすぐにさまよいだし、気づくとあれこれ心配したり後悔したりします。頑張って目の前のことに集中しようと思っても、ずっとそこに注意を向け続けることは難しいものなのです。

そこで役に立つのが、「今ここにある自分」に意識を向け続けるトレーニングです。

マインドフルネスのトレーニング法には、呼吸に意識を向ける「呼吸瞑想」や、体の感覚に意識を向ける「ボディースキャン」など、さまざまな種類があります。

3　マインドフルネスに対する誤解

マインドフルネスに対するよくある誤解がいくつかあります。

最も多いのは、静かにじっと座って頭を空っぽにすることだということですが、ちょっと違います。

何も考えないのではなく、「今ここにいる自分」に気づいている状態がマインドフルネスです。

また、マインドフルネスに対するもう一つの誤解は、ネガティブな感情を減らすことと思われることです。実は、これもちょっと違います。

私の患者さんの真鍋さん（仮名）は、会社でお客様に営業の電話をかける仕事をしていました。

話し始めるとすぐに電話を切られたり、罵られたり

することが毎日のようにあったそうです。

嫌な気持ちになるけれど、「仕事なんだから、こんなことで傷ついている場合じゃない」「落ち込むのは自分が未熟だからだ」というように考えるようにして、なるべく自分の感情は押し込めるようにしていました。誰にも苦しい気持ちを相談せず、仕事を続けていたそうです。

ところがだんだん食欲がなくなり、下痢するようになり、営業の電話をすることを考えると、朝から吐き気やめまいがして、ついに仕事に行けなくなってしまいました。

自分の気持ちを否定したり、考えてはいけないと思うことは、自分から目を逸らしていることになります。問題をそのままにして、無理矢理ポジティブなことばかり考えようとするのは、マインドフルネスではありません。

ネガティブな自分もちゃんと受け止め、現状から目をそらさないのがマインドフルネスです。

マインドフルネスについてよくある誤解は、他にもあります。それはリラクゼーションの方法だということです。

確かに企業研修などでマインドフルネスのワークショップを行うと、「この研修を受けたら、気持ちがリラックスして元気が出ました」という感想を聞くことがあります。リラクゼーションというと、仕事で頑張るモードとは反対の、「休憩」のようなイメージではないでしょうか。

ところがマインドフルネスをすると仕事のパフォーマンスが上がります。仕事を休んでゆっくりするというよりも、ますますいい働きができてしまうのです。

だからこそ、マインドフルネスは医療現場から始まったにも関わらず、むしろビジネスの現場で広がっていったのです。

4　マインドフルネスで仕事のパフォーマンスが上がる

アメリカの上場企業の約35％がマインドフルネスを研修に取り入れています。

この広がりのきっかけとなった企業がGoogleです。

Googleの人事部長だったチャディ・メン・タン氏はマインドフルネスの社内研修プログラムを作りました。Googleでは、能力が非常に高いのに人間関係がうまくいかずに業績が上がらない社員が多いことが課題になっていました。

あなたの周りにもいないでしょうか？　仕事はできるのにいつもひとりぼっちで、仲間と協力して仕事ができない人が。知能指数ＩＱは高いけれど、心の知能指数ＥＱは低いといわれる人です。

Googleでは、マインドフルネスのトレーニングによって、ＥＱが上がり、他者との関わりが円滑になって、結果的に生産性の向上につながったと言います。Googleだけでなく、多くの企業がマインドフルネスの研修を取り入れて、社員の幸福度や生産性を上げています。

マインドフルネスで仕事のパフォーマンスが上がった理由としては、人間関係の改善や幸福度上昇の他にも多くあります。集中力、意欲、創造性、記憶力、注意力などの能力が向上します。

健康面では、免疫力が上がるというデータが示されています。ジョン・カバットジン博士らの研究グループは、瞑想をしている人たちは、そうでない人たちに比べてインフルエンザの予防注射を打ったあとの抗体価が多いことを報告しています。瞑想によってウイルスなどの病原体に対する免疫力が高まる可能性があります。

疼痛、痒みなどの不快な症状の軽減も数多く報告されています。がんの痛みや、皮膚疾患による痒みは、非常に苦痛が大きいものです。身体的な苦しみに加えて、その症状は目に見えづらいので、他者に理解してもらえない辛さもあり、さらにこの先ずっと続くのだろうかという未来への不安も引き起こします。

このような痛みや痒みの症状の不快感をマインドフルネスは和らげてくれます。

また、肥満、糖尿病、高血圧などは生活習慣がもたらす病気ですが、習慣を変化させる力もマインドフルネスにはあります。抑うつや不安の改善などに対しても、マインドフルネスの実践が効果を上げています。

5　病気に気づかなくては治療ができない

私はセブンアプローチという健康法を提唱しています。

人が健康で幸せな状態でいるためには、食事だけ、運動だけ、というような一つの要素だけ頑張ってもなかなかうまくいかないものです。毎日の暮らし方を全体的に見て、多面的にアプローチしたほうが、絶対うまくいくのです。

そこで、「暮らしの中でのどんな要素が幸せと健康につながるのか」を論文や本、そして多くの人の話を聞いて調べていきました。

その結果、たどり着いた鍵となる要素は7つでした。マインドフルネス、well-being、栄養、運動、睡眠、脱依存、習慣化です。なかでも、とても重要なのがマインドフルネスです。

マインドフルネスは気づきのある状態です。本人に気づく力がなければ、何が健康を害しているのか、何をしたら体調が良いのかを知ることができません。

病気を早く治すためには、本人の気づきが必要です。

例えば「痛み」の症状があるなら、いつ頃から、何をしたときに、どこがどんなふうに痛むのかなど、本人が詳細に気づけば気づくほど、診断の精度が上がります。原因は何かというヒントもたくさん見つかります。

- どこが、どのように痛いのか？
- 痛みのレベルはどのくらいか？
- いつ頃から痛くなったのか？ きっかけは何だったのか？
- 何をしているときに痛くなるのか？ ずっと痛いのか？
- 最近、環境の変化はなかったか？
- 睡眠の時間やリズムは？
- 食べ物の内容や量、時間は普段と違っていた？
- お酒の飲み方や量は？
- 精神的、身体的なストレスは？
- 他に症状はないか？
- 以前に同じようなことはなかったか？

このように、自分の症状や生活とちゃんと向き合って気づくことが大切なのです。

6　心臓の鼓動を数えることができますか？
体のＳＯＳを無視しないでと言われても、気づかないからわからないという方も多いと思います。

実は、感覚には個人差があるので、無理はありません。

私は企業研修でマインドフルネスのトレーニングを体験してもらうために、チョコレート瞑想というワークショップを行います。

チョコレート瞑想では一粒のチョコレートをじっくりと味わいながら瞑想するのですが、「いつもより、甘く濃厚に感じられて、驚きでした！」と感動する方もいれば、「食べましたけど、何を感じればいいのかわかりませんでした」と、普段のおやつを食べる行為との違いが全く感じられないという方もいます。

どちらがいいというわけではなく、それだけ人によって感じ方や気づき方が全く違うということです。

心拍数を測るには、通常は心電図をつけたり、胸の音を聴診器で聞いたり、頸動脈を手で触れたりして測定する方法があります。

ところが、そうした測定をせずに、自分で心拍を数えることができる人もいます。

あなたの感覚の鋭敏さはどのくらいでしょうか？

実際にチェックしてみましょう。

① 静かに座った状態で、1分間、時間を測って、自分の心拍が何回なのかを感じて数えてみます。

② 次に、同じ体勢のままで、人差し指、中指、薬指の3本の指先を首の喉仏のあるところから少し左右にずらしたところに当て、脈の数を1分数えます。

③ ①の数字と②の数字の違いが5以内であれば、かなり正確に心拍を感じることができていると言えるでしょう。

いかがでしたか？

全然わからなかったとしてもがっかりする必要はありません。それは、これまでの人生で心拍を意識してこなかったから、内臓が発するサインを脳がキャッチすることに慣れていないだけなのです。

感覚は鍛えることができます。

体の表面の感覚も、内臓からの感覚も、純粋に感じてみようと意識することで、感覚は研ぎ澄まされていくのです。

今この瞬間、あなたの意識は、この本の内容や文字に向かっているでしょう。

では、指先に意識を向けてみてください。指が本のページに触れている部分は、どんな感覚があるでしょうか？

「紙がザラザラしている」「指先がじんわりとする」など、なんらかの感覚を感じているのに気づくでしょう。

あなたの指先は、何かの感覚を受け取って、その信号を脳へと伝えています。

しかし、このような感覚は「感じてみよう」と意図するからこそ、はっきりと感じられますが、他のことで頭がいっぱいになっている

ときには感じることができません。

私も今はパソコンのキーボードを指で感じていますが、締め切りに追われて文章を必死で打っているときは、指の感覚には気づきません。体が発するサインは、受け取る意図と心の余裕があって初めて受け取ることができるのです。

マインドフルネスには、意図が必要です。「今から指先に意識を全集中するぞ」と意図するからこそ感覚に気づき、「意識を集中させるぞ」と意図するからこそ、意識が対象から離れたときに気づくことができるのです。

7 マインドフルネスは何も考えない状態ではなく、気づきのある状態

セミナーや研修でよくある質問にこういうものがあります。

「目の前にあることに注意を向けるのがマインドフルネスなら、スポーツしたり、ゲームに熱中したら良いのではないでしょうか?」

「ぐっすり眠ることは、あれこれ考え続けないのでマインドフルネスなのでしょうか?」

確かに、考えごとを繰り返すことで脳が疲労するので、スポーツ、ゲーム、眠りなどで考えないようにすれば良いではないかと思うのも無理はありません。

しかしマインドフルネスは、「気づきのある状態」ですから、考えないことではありません。自分自身の状態に気づくことが重要なのです。

気づきがないまま、頭の中の雑念を消し去ろうとすると、どうなるでしょうか?

例えば、誰かに怒りを感じた場合、怒りを頭から消し去るためにゲームに熱中する

とします。ゲームをしている最中は怒りを忘れることができるかもしれません。しかし、怒りの感情が消えたわけではありません。ゲームが終われば再び思い出し、怒りが湧き上がります。あの人のここが悪かった、などと相手に対する批判的な気持ちがしばらく続くでしょう。

一方、マインドフルネスでは、怒りの対象ではなく、怒りのある自分に意識を向けますので、客観的に自分を観察している状態になります。怒りの渦に巻き込まれるのではなく、怒りの渦を見ないようにするのでもなく、ちょっと離れたところから怒りを抱える自分を観察するのです。

こうした自分の感情を客観的に見ることを「メタ認知」と言います。マインドフルネスのトレーニングによってメタ認知力が向上します。

怒りが消えたわけでありませんが、怒りの渦から離れるだけで、怒りは徐々に小さくなっていきます。

怒りという感情は苦しいものですが、体にとっても悪影響があります。交感神経の活動性を高めて血圧を上げたり、副腎から分泌されるホルモン、コルチゾールによって血糖が上がり、疲労や痛みを強く感じます。

怒りなどの扱いにくい感情だけでなく、体の痛みなどの感覚でも同じようなことが起きています。

痛みがあるけどそのうち治るだろうと放置をしたり、すぐに痛み止めを飲んだりするかもしれません。

一方、痛みと向き合うと、1日中ずっと痛いと思っていたけれど、瞬間的な痛みが1日数回あるだけだとわかったり、痛いとすぐに薬を飲んでいたけれど、どの程度痛いのか痛みのレベルを観察してみたら、痛み止めを飲むほどではなかったとわかるかもしれません。

体の症状とちゃんと向き合うと、スルーして手遅れになったり、過剰に反応して薬を飲みすぎたりしないですみます。

8　世界中で内科疾患の治療に使われるマインドフルネス

マインドフルネスという言葉を、一般の人々に広めたのは、ジョン・カバットジン医学博士です。

彼は１９６０年頃から瞑想やヨガを行っており、これが心身を良い状態に保つことを体験していました。しかし、瞑想やヨガを医療現場で伝えようとしても、怪しがられるということを理解していました。

そこで、宗教っぽさをなくして、瞑想やヨガの体の動きを取り入れてマインドフルネスストレス低減法（Mindfulness Based Stress Reduction：MBSR）というプログラムを作って、病気の予防や治療に取り入れたのです。

ＭＢＳＲは、今世界中で多くの方々が受講しています。

アメリカやヨーロッパでは病院で行われていることが多く、疾患の治療として受け入れられています。

高血圧、皮膚疾患、がんの痛み、過食や肥満、糖尿病、うつ病、神経症、禁煙などの治療に効果を上げているのです。

　Google scholarという論文の検索エンジンでマインドフルネスというキーワードで検索してみると、53万件以上がヒットします（２０２４年２月現在）。

　２０１２年頃から特に報告数が増えており、２０２２年はマインドフルネスに関する論文の数は１４００件を越えています（グラフ参照）。

　科学者たちのマインドフルネスへの興味や関心が年々高まっているのが見てとれます。

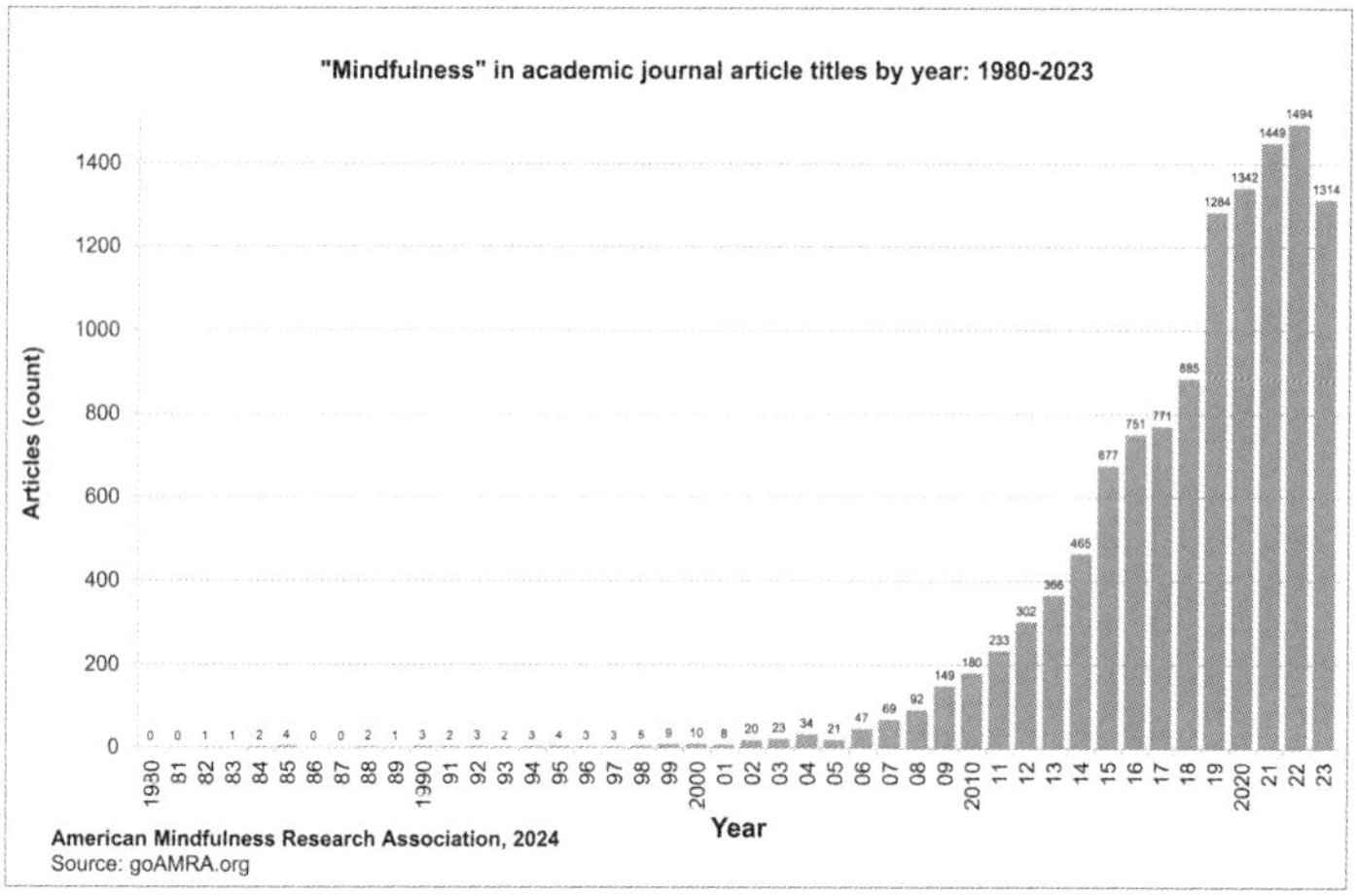

9　脳の海馬は大きくなる

脳に海馬という部位があります。

海馬はタツノオトシゴのことであり、ちょうどタツノオトシゴの尻尾がくるりと巻いたような形になっています。脳の側頭葉の内側にあり、記憶や情動に関係している部分です。

海馬にはコルチゾールというストレスホルモンと結合する受容体が存在しています。絶えずストレスを受けていると、コルチゾールの刺激によって海馬がダメージを受ける恐れがあります。

海馬が小さくなる病気としてはアルツハイマー病が有名ですが、ストレスが強く関わるうつ病、ＰＴＳＤ（心的ストレス外傷後症候群）の場合も、萎縮が起こる傾向があります。

脳は神経細胞が集まってできていますので、海馬が小さくなるということは、海馬にある神経細胞が少なくなっているということを表しています。ストレスを長い間受け続けると脳が萎縮するという事実は不思議ではありません。

このように、さまざまな病気やストレスなどによって脳の神経細胞は減ってしまいます。

老化によっても脳の萎縮は起こります。脳というものは幼少期から成人になるにつれて徐々に発達して大きくなるが、20歳頃を迎えるとそのあとは大きくなることはないと考えられてきました。むしろそのあとは小さくなっていくと最近まで信じられてきたのです。

ところが、脳は成人になっても大きくなることがあるとわかってきました。

２０１１年ハーバード大学から発表された研究結果によると、マインドフルネスストレス低減法のプログラムを８週間受けた人とそうでない人の脳をＭＲＩで調べたところ、プログラムを受けた人には、海馬が大きくなっていたのです。他にも、後帯状皮質、側頭頭頂葉接合部、小脳で脳が大きくなっていました。これらの部位は、学習や記憶、感情の調整などに関わっています。

10　自律神経をマインドフルネスで整える

自律神経のバランスが崩れると、病気になります。

自律神経って一体何なのかをご説明します。自律神経は私たちの意思でコントロールするのが難しい神経です。

運動神経なら、頭で手を握れと指令を出すだけで、手を握る動作をすることができますが、自律神経の場合は、心臓の鼓動をゆっくりにしろとか、汗を止めろとか、自分の思う通りに神経を動かすことはできません。

自律神経は、体が一定の状態に保たれるように、自動的に調整するように仕組まれている神経なのです。

走ったら呼吸が速くなるのは、動いた分だけ体にたくさんの酸素を送り込むため。暑くなったら汗が出るのは、体温が上がりすぎないように体の表面から熱を逃すためです。さまざまな環境や体の状態に合わせて、自律神経は常に調整し続けているのです。いわば、自動運転の神経です。

心臓：脈が速くなる
肺　：呼吸が速くなる
瞳孔：大きくなる
唾液：減る
胃腸：抑制される

心臓：脈が遅くなる
肺　：呼吸が遅くなる
瞳孔：小さくなる
唾液：増える
胃腸：活発に動く

自律神経には交感神経という戦うモードの神経と副交感神経というお休みモードの神経がありますが、この切り替えが状況に応じてオートマチックに行われています。

ではなぜ、現在多くの人々が自律神経の障害で不調を訴えるようになったかというと、現代の世の中には戦うモードのスイッチを入れるきっかけが多すぎて、ずっと交感神経が働きっぱなしになっているからです。

戦うモードのスイッチには、怒りや興奮、緊張、大きな音、眩しい光、血糖値の急降下などがあります。

昼や仕事で緊張を強いられ、夜もパソコンやスマホで音や光を浴び続けていると、ずっとスイッチが入りっぱなしです。

副交感神経は、静かな夜の間に高まりますが、交感神経が働きっぱなしの状態からすぐに布団に入っても、なかなか副交感神経に切り替えることができずに、眠りが浅くなって目が覚めやすくなります。

ところが、あることを行えば、自律神経はマニュアル運転に切り替えて、私たちの意思で調整することができます。戦うモードを休むモードに切り替えることができるのです。

その「あること」が、呼吸を意識するマインドフルネスなのです。

呼吸には、いつもの無意識な呼吸と、呼吸法などを行うときの意識的な呼吸の2種類があります。

いつもの無意識な呼吸をするときは、呼吸中枢が指令を出しています。

呼吸中枢の指令によって、肋間筋が縮んで肋骨と肋骨の間が開き、横隔膜は縮んで下に下がります。

すると、肺が広がって息を「吸う」状態になります。肋間筋と横隔膜が緩むと胸郭が小さくなって、肺が縮んで空気が押し出され、息を「吐く」状態になります。

このようにして横隔膜の上がり下がりによって肺を広げたり縮めたりして肺の空気を交換してくれています。

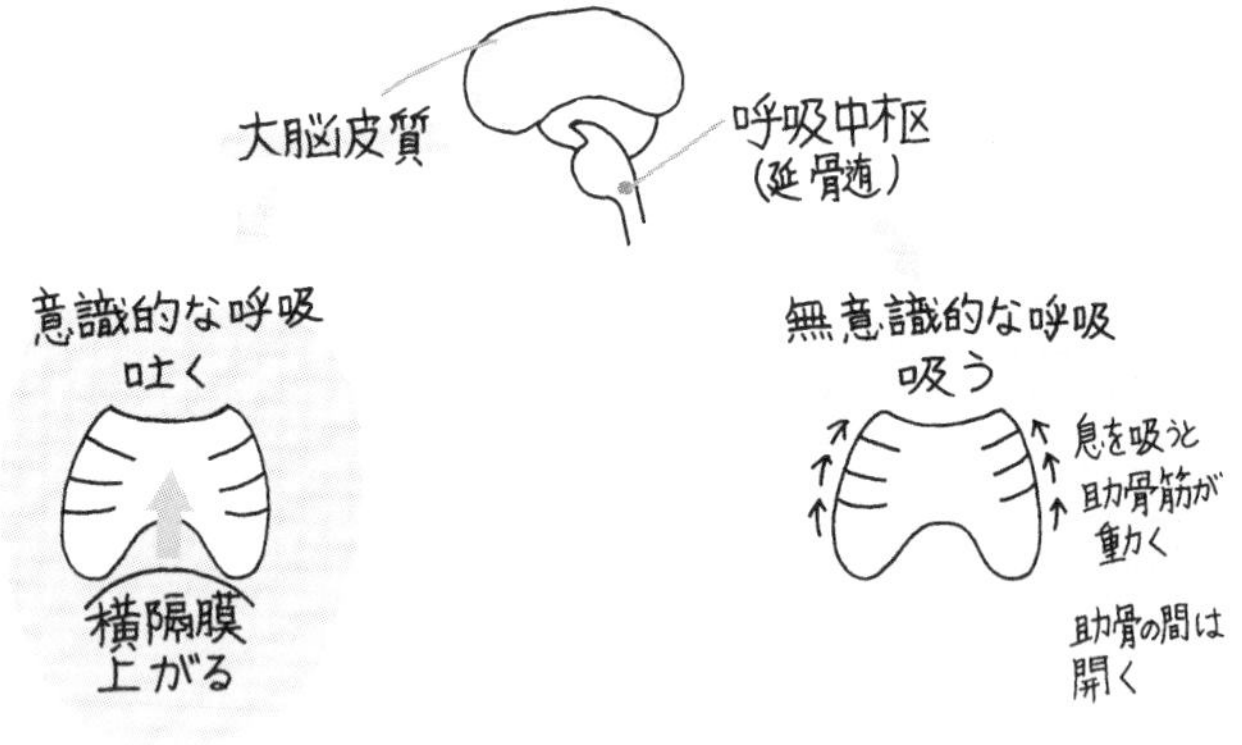

一方、意識的に呼吸をするときには、大脳皮質が指令を出しています。

大脳はお腹の筋肉をぎゅっと収縮させて、横隔膜を押し上げます。

すると、肺が縮んで空気が押し出され、息を「吐く」状態になります。

お腹の筋肉を緩めると横隔膜が下がって、肺が広がって息を「吸う」状態になります。

つまり、無意識呼吸は「吸う」が先で、意識的な呼吸は「吐く」が先です。

息をフーッと吐き出した後、息を吸っていること、吐いていることをただ感じているだけで、大脳皮質からの指令による意識的な呼吸が行われます。

お腹の筋肉を縮める、緩めるを繰り返している状態です。

この腹筋のリズミカルな運動は、セロトニンの分泌を促します。

セロトニンとは、興奮と鎮静のバランスをとる脳ホルモンです。このホルモンが不足すると、うつ病を発症します。このセロトニンによって自律神経を調整してくれます。

呼吸を意識するマインドフルネスの方法は後ほど説明しますが、何秒吸って、何秒呼吸を止めて、何秒吐く、などといった呼吸の操作はしません。

意図的に呼吸を深く吸おうとか、長く吐こうなど頑張ってしまうと、体の他の部分の筋肉に力が入ってしまうため、かえって緊張感が高まって交感神経が活発になり、セロトニンの分泌は高まりません。

肩の力を抜いて自然な呼吸を繰り返し、丁寧に呼吸に意識を向け続けているだけで、セロトニンが分泌され、過度な緊張がほぐれ、自然と呼吸がゆっくりと深くなります。

11 ストレスが軽くなる脳ホルモン「オキシトシン」が増える

恐れの感情は、ストレスの大きな原因です。

自分の安全がおびやかされるという恐れがあると、怒りや不安、うつなどにも発展していきます。

この恐れの感情は、扁桃体という脳の部位が反応しています。扁桃の活動が活発になるほど、怒りや恐れを感じたときにそれに瞬時には反応してしまい、キレやすくなります。

マインドフルネスを継続すると、扁桃体の大きさが小さくなるという報告があります。要するに、キレにくい脳を作ることができるのです。

なぜそのようなことが起こるのでしょうか。

扁桃体には CeA という恐れに反応する受容体があります。

この CeA にオキシトシンというホルモンが作用すると、恐れの反応が弱まります。

恐れを引き起こすような出来事があっても、オキシトシンがあれば恐怖を軽くして

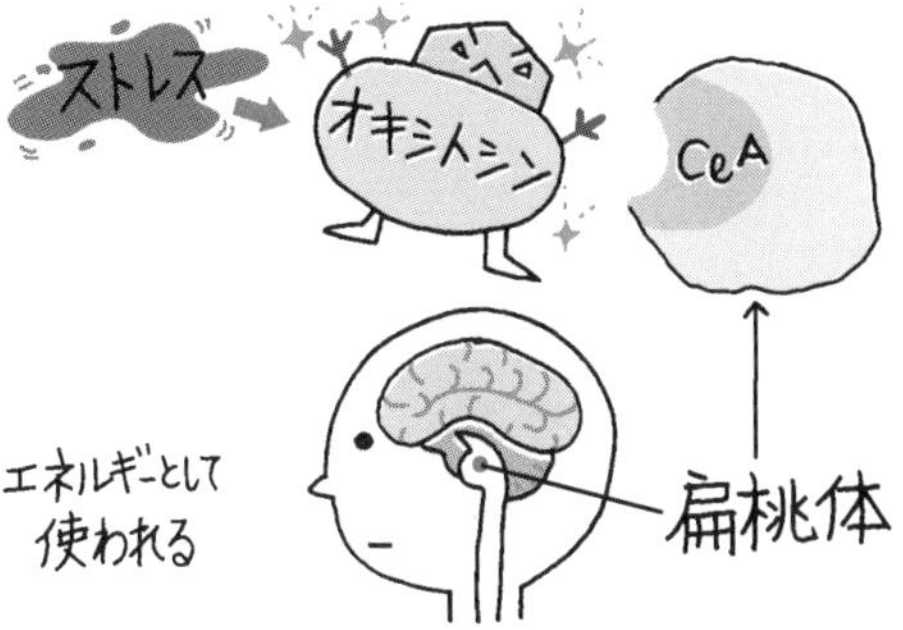

くれるのです。

マインドフルネスを行うと、オキシトシンが増加する可能性があります。マインドフルネスを実践してもらった学生は、そうでない学生に比べて唾液中のオキシトシンが増加していました。

オキシトシンは、不安や恐れの感情を和らげて幸福感を高める作用を持ち、ストレスから私たちの体を守ってくれています。

つまり、マインドフルネスを行うとオキシトシンが増加し、扁桃体のストレス反応を和らげてくれます。オキシトシンが頻回に増加することによって、次第に扁桃体の働きは低下し、神経のネットワークが使われずに減っていくため、扁桃体が小さくなると考えられます。

第2章

マインドレスが病気を作る

1 肥満症

ダイエットとリバウンドを繰り返す豊福さん（32歳・女性）

小学生２人と保育園１人の３人の子供を持つ豊福さんは、唐揚げのお店でパートタイマーとして働いています。先日健康診断に行ったら、肥満度1という結果でした。肥満の他にもいくつか要再検査の項目があったので、私の外来を訪れました。治療するほどの血液の異常はなかったのですが、肥満についてなんとかしたいという豊福さんのお悩みがあったので、詳しく聞いてみました。

体重は20歳の頃に比べると10キロ以上増えています。妊娠中に増えた体重が1キロも戻らず、それどころか増え続けているそうです。「スクスク育つ子供たちと一緒に、私のお腹までスクスク成長しているようです」と豊福さんは笑いながら私に言います。朝から晩まで立ちっぱなしで汗だくで働いているのにちっともやせないのだそうです。

気づいたら食べている

普段の食事について詳しく知るために、1週間食べたものをすべて写真に撮って持ってきてもらうことにしました。

1週間して診察室に訪れた豊福さんの食事の写真をスマホで見せてもらうと、朝は缶コーヒーと菓子パン（車の中で食べている）、昼は唐揚げ店のまかない飯の唐揚げ丼、仕事帰りに車の中でプロテインバー1本、夕食はご飯に肉系おかず、そしてビール500ミリリットルを2缶、その後ポテトチップスやかりんとうなどのおやつを寝るまでちょこちょこ食べ続けるというパターンでした。写真は撮り忘れが多く、特におやつは食べてしまった後の空袋がほとんどでした。

睡眠は、深夜1時すぎに寝て5時半に起きるため、毎日4、5時間程度です。

これらの情報から豊福さんがやせない原因は、以下のことが考えられました。

・摂取カロリーオーバー
・野菜摂取不足
・糖質や添加物の摂りすぎ
・ビタミン、ミネラルの不足
・遅い時間におやつやアルコールを摂取している

・睡眠時間の不足
・過労によるストレス

これらはすべて肥満のもとです。

カロリーが多いうえに、血糖値が上がりやすい食材が多く、野菜が少ないことで食物繊維が不足して、さらに血糖値が急上昇します。

エネルギーとして使われなかった余った糖分は、肝臓に脂肪としてたまります。肝臓に脂肪がたまると、肝機能が低下して代謝が悪くなり、さらにエネルギーをため込みやすくなります。

ビタミンB群は糖質やタンパク質をエネルギーに変えてくれますが、糖質と添加物を摂りすぎると、代謝されるときにビタミンB群を使い果たしてしまいます。

そこへ、肉やプロテインバーを食べると、それをエネルギーに変えるためのビタミンB群はもう残っていないので、タンパク質は脂肪に変わって体にたまっていきます。

食べる時間が遅いと、肝臓が休んでいる時間に栄養が入ってくるので、栄養は代謝されないまま、体に脂肪となってため込まれます。

睡眠時間については、睡眠中に成長ホルモンが分泌されて代謝を高めてくれるのですが、睡眠が足りないと、成長ホルモンも十分でないので、代謝が悪く太りやすい体質になります。睡眠が足りないと食欲は増加します。特に、夕食後の間食をしたくなるという傾向があります。

さらに、朝起きて寝るまで、子供の世話と仕事で走りっぱなしの毎日の豊福さんは、自分のための時間をとる余裕がないようです。

これではストレスホルモンのコルチゾールの分泌が増えます。コルチゾールは脂肪を体にため込む働きを持っています。

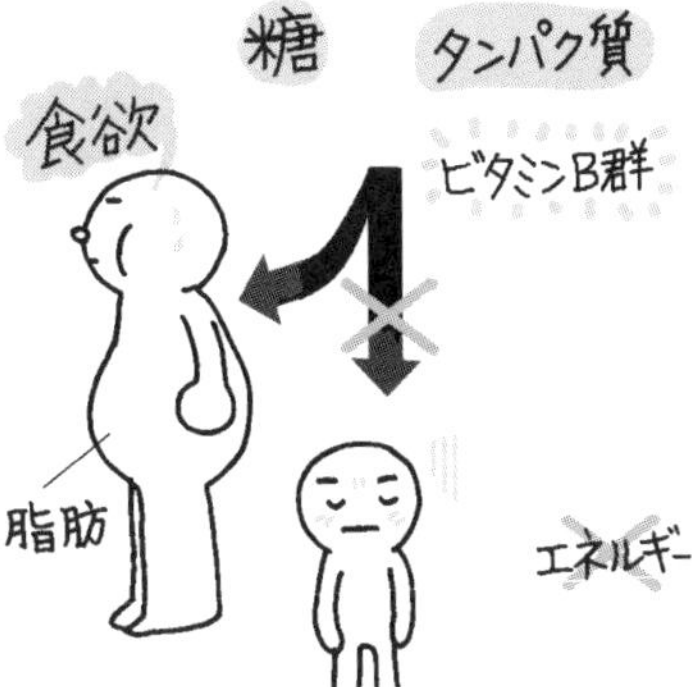

そして、食べ方にも問題があります。

豊福さんは自由になる時間は何か食べているることが多く、暇さえあれば食べるというのが普通になっているようです。

こうなると、「私は食べている」という意識が薄いので、「そんなに食べていないのに太る」という発言につながります。

食べていることに気づかないなんて、そんなことはあり得ないと思うかもしれませんが、人間は都合の悪いことは忘れようとする傾向があるため、たくさん食べたことを記憶に残さず、そんなに食べていないと思ってしまうことがあるのです。

食べている量を把握していなければ、減らすことができません。

そして、味わうのではなく、無意識に食べ

スマホを見ながら食べるのも、マインドレスな食べ方
食べるスピードは上がり、量は多くなり、噛む回数が減る

る行動をとっているということも問題です。

車を運転しながら食べていると、咀嚼が少なく早食いになりがちです。食べ物より運転に意識が向かっているので、味わって食べることもできません。とにかく何かお腹に入れる、という食事です。

撮ってきてもらった食事の写真の一覧を見せながら、豊福さんは言いました。

「こんなに食べているって自覚していませんでした。写真に撮って見たらすごいですね。撮り忘れもたくさんあるので、毎日こんなにお腹に入っていると思うと、そりゃ太るよねって思います」

無自覚な食べ方。言い換えると、マインドレスな食べ方です。これこそが太る原因です。

食べるという行動は本当に奥が深いものです。食べたくなるきっかけ、食べているものの栄養素、食べている量、食べるスピード、味、匂い、温度、空腹感、満腹感、食べた後の体調などなど、食べることに関するたくさんのことに気づけるようになれば、満足感が高まります。

リバウンドの原因

豊福さんはこれまでいろんなダイエットを試してきました。

一食をダイエットドリンクに置き換える方法や、ごはんやパンを食べない糖質制限も試したそうです。やっている間はそれなりに体重が減るのですが、1か月くらいで2キロ前後減って、その後食生活を元に戻すと、体重も戻るというパターンを繰り返していました。

体重が元に戻るだけならまだいいのですが、ダイエット前よりも体重が増えてしまうことも多かったと言います。

リバウンドとは、ダイエットが成功した後にたくさん食べてしまって起こるものと思われがちですが、実は食べすぎてしまうからという単純な理由だけではありません。体はダイエット中に省エネモードになっており、少しのエネルギーでも体を動かせるように低燃費の状態に切り替わっているのです。

低燃費の体に、以前と同じ量のエネルギーを入れても、もう以前ほど栄養を必要としていませんから、エネルギーが余って脂肪になります。飢餓になってもすぐ死なないよう、体は対応しているのです。だから、ダイエットの後はリバウンドするのです。短期的なダイエットでは、そのような現象がよく起こります。ですから、集中的に

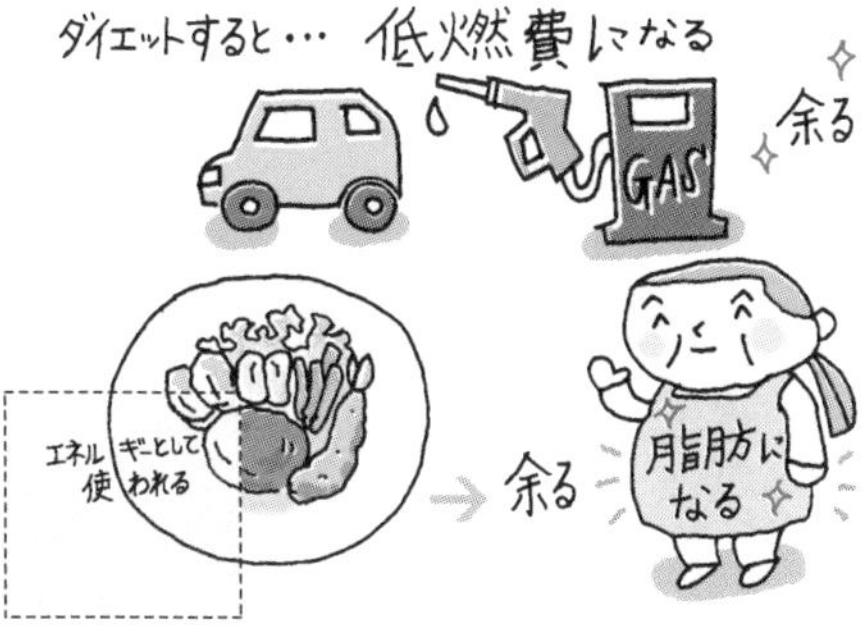

やせるために短期間だけ食事を制限するという方法はあまりお勧めしません。

体重を減らしたいのなら、一生取り組める方法を見つけて習慣にするのが最も体に優しくて、ストレスにもならない方法です。

「一生続けるダイエットでストレスにならない方法なんて、あるの？」と思った方もいるかもしれません。

実は、そんな方法があるのです。それが、マインドフルネスです。ストレスになるどころか、幸福感や食べる満足感も上がる、究極のダイエット法と言えるかもしれません。

豊福さんがマインドフルネスを始めたらどうなったのか？

詳しくは第5章をご覧ください。

2 糖尿病

血糖値が年々上がる大山さん（44歳・男性）

大山さんは、単身赴任で暮らし始めて4年になります。会社の健康診断で血糖値が高いと言われて、私の外来に来られました。

自炊はせず、ほとんど外食かコンビニのお弁当を食べて生活しています。もともと軽度の肥満がありましたが、ご家族と暮らしている頃に比べて体重は8キロ増加し、血糖値が年々上がっていました。

空腹や満腹に気づかない

「そんなにたくさん食べてないんですけどね」と大山さんは言います。1日1食のこともあるそうです。空腹で辛くないのですかと聞くと、「あまりお腹が空かないんですよ」と言われます。

それなのになぜ、体重が増えて血糖値が上がるのか不思議に思い、大山さんにも豊福さんと同じように食事の写真記録をつけてもらうことにしました。

2週間後、大山さんが見せてくれた食事の記録はこんな感じでした。

朝食―食べない。眠気覚ましが必要なときは、エナジードリンク1、2本
昼食―ラーメン+チャーハン、ハンバーガー+ポテト、コンビニ弁当、パンなど。
夕食―酎ハイ500ミリリットルかビール500ミリリットル2、3本、そうめん、弁当、外食など。
間食―缶コーヒー1日3本以上

確かに、大山さんの食事量は多いほうではありませんでした。

しかし、食べているものはほとんどが糖質でした。そして、食べ物は少ないのに、飲み物が多かったのです。

エナジードリンクには液糖が多く使われており、血糖値を急上昇させます。アルコールは肝臓で中性脂肪を増やします。

さらに、砂糖入りコーヒーを1日3本以上飲んでいるのは、糖質を絶えず体に入れ続けているようなものです。

「いつも血糖値を上げているから、お腹が空かないのでしょう」と私は説明しました。

食事や飲み物を摂取すると血糖値が上がり、その後下がり始めて空腹を感じるはずなのですが、血糖が下がる前に飲み物で血糖値を上げるので、空腹を感じる暇がないというわけです。

もう一つ、糖尿病の患者は空腹や満腹に気づきにくいという傾向があります。空腹に気づきにくいだけなら、食べすぎないですみます。

しかし、満腹にも気づかないとずっと食べ続けてしまう可能性があるのです。そうなると、ズボンが苦しくなってベルトを緩めて初めて「あー、もう限界!」と満腹のサインを受け取ることができるのです。

大山さんが記録した写真の中には、中華料理店の写真もありました。数人で食べるような大皿の料理を何種類も一人で平らげたことを聞き、食事の回数が少なくても、まとめて大量に食べる傾向があるようだとわかりました。

糖尿病があると食べ物に反応しやすい

糖尿病があると、自律神経の障害を合併することがあります。自律神経には交感神経と副交感神経がありますが、副交感神経の働きが低下して、交感神経のほうが優位になることが多くなります。交感神経が優位になると、心拍が多くなります。

実は交感神経が活発になっていると、食べたい気持ちを抑えきれなくなる可能性があります。

大阪市立大学で行われた研究では、健康な男性20人にわずか0・167秒だけ食品の写真またはモザイクの写真を見せ、そのあとは風景の写真を2秒間見せるという実験をしました。

食品やモザイクの写真が出るのは認識できないほど短い時間なので、風景以外の写真を見たことはわかりません。その後、写真を見る前後での自律神経の働きを調べたところ、食品の写真を見た後は交感神経の働きが高まっていることがわかりました。また、交感神経が活発になっている人ほど食べることを我慢できない傾向があることがわかりました。

つまり、糖尿病の人は交感神経の働きが高まっており、食べ物にすぐに反応してしまう可能性が高いことになります。

また、交感神経がたかぶっている状態では、コルチゾールの分泌が増えています。コルチゾールはストレスによって増え、血糖を上昇させます。

私の患者さんの中には、仕事をやめた途端に高かった血糖値が正常になったという人が何人もいらっしゃいます。

仕事のストレスが多かったため、コルチゾールが増えて、血糖が上がっていたと考えられます。

強いストレスがあると、眠れなくなったり、外出して体を動かそうという気力がなくなったりします。睡眠不足や運動不足も血糖を上げます。

ストレスを軽くすることは、食事、運動、睡眠の改善にもつながるので、糖尿病の改善に不可欠なのです。

3　コレステロール／中性脂肪

やせているのに脂肪肝の勝田さん（56歳・男性）

勝田さんは証券会社で管理職をしています。

競争心が強く努力家で、同期の中では一番に出世しました。有能なのですが、自分にも他人にも厳しいところがあり、つい部下にカッとなって大きな声で叱責してしまいます。

お酒が好きで、家では酒を飲んで家族に当たってしまうため関係が悪くなり、妻と子供は別居しています。

油を抜くのは、脂肪肝に逆効果

そんな勝田さんは、5年ほど前から健康診断でＬＤＬコレステロールや中性脂肪が高いと指摘されるようになりました。

昨年、ジョギング中に胸が苦しくなって病院に行ったところ、狭心症と診断されました。

医師から処方された薬を飲み、保健指導で言われた通りに卵や脂肪の多い肉はできるだけ食べないように気をつけていますが、血液検査はなかなか良くなりません。

同年代の友人の中には、自分より太っていて、コレステロールの薬を飲んでいる人が何人もいますが、彼らは自分のように心臓の病気になっていません。自分のほうがやせていて食事も気をつけているというのに、どうして自分のほうが先に病気になるのか納得がいかず、私の外来に相談に来られました。

せっかちな競争タイプは心臓病になりやすい

勝田さんが友人よりやせているのに狭心症になった理由は、大きく分けて2つ考えられます。

一つは、性格です。競争意識が強く、敵対的、攻撃的でせっかちな行動をとるタイプの人。このせっかち競争タイプの人はのんびりしたタイプの人に比べて、2倍から4倍、狭心症のような冠動脈疾患になりやすいのです。

特に、せっかち競争タイプの中でも敵意が強い人のほうが心臓病の発生率が高く、死亡率も高いという追跡調査があります。人を信頼できず、敵意を抱きやすい人は、

怒ったりキレたりしやすいです。勝田さんはそんなタイプです。

誰かに敵意を持っているとき、自律神経の中の交感神経が活発になっています。

交感神経が活発になっていると、血管は収縮し、心臓の血管は詰まりやすくなります。ストレスホルモンのコルチゾールも増え、より一層ストレスを感じて悪循環になります。

そして勝田さんは、家族が離れてしまって孤独な状態でした。家族や親しい人との会話やスキンシップがないとオキシトシンが少なくなります。

オキシトシンは血圧を下げる作用と、コルチゾールを抑える作用があり、心臓や血管を保護するので、ひとりになった勝田さんは、オキシトシンが減って、コルチゾールが増えていたはずです。

ストレスは私たちの血管を詰まらせます。心臓発作が一番多い時間は月曜日の朝です。休み明けの仕事に行くというときに感じるストレスは、全世界共通なのです。

小さな粒のＬＤＬが心臓の血管を詰まらせる

二つ目の原因は、コレステロールに対する誤解です。

心臓の血管が詰まるのはコレステロールが高いせいだと思っている方が多いのですが、実はちょっと違います。総コレステロールも、ＬＤＬコレステロール（以下ＬＤＬ）も、全部が悪者ではありません。

コレステロールは細胞の膜を作ったりホルモンの材料になったり、ビタミンの吸収を助けたりする、なくてはならない成分です。その中のごく一部が動脈硬化の原因となるのです。その原因となるものは、酸化した小さな粒のＬＤＬです。これが増えないようにすることが、心筋梗塞や脳梗塞を予防する鍵なのです。

ＬＤＬには小さなＬＤＬ（Small dense LDL）と、大きなＬＤＬ（Large buoyant LDL）があります。

小さなＬＤＬは酸化しやすく動脈硬化の原因になりますが、大きなＬＤＬは心臓や血管を保護する役割を持っています。ＬＤＬコレステロールはよく悪玉コレステロールと呼ばれますが、すべてが悪玉というわけではないのです。

LDLは、中性脂肪が作用して小型化します。中性脂肪が多いほど、LDLが超悪玉に変身しやすくなるのです。

また、HDLコレステロール（以下HDL）が多いほど、動脈硬化が起こりにくくなります。ということは、中性脂肪が少なく、HDLが多いほど、心臓をはじめとする血管が詰まる病気になりにくいということです。

LDLの数値は、コレステロールの粒の数で見ているのではなく、全体の量を見ていますので、LDLが小型化すると、コレステロールの全体量が減って数値が下がります。

小型のLDLをパチンコ玉、大型のLDLをピンポン球に例えるなら、同じ数を容器に入れたときにピン

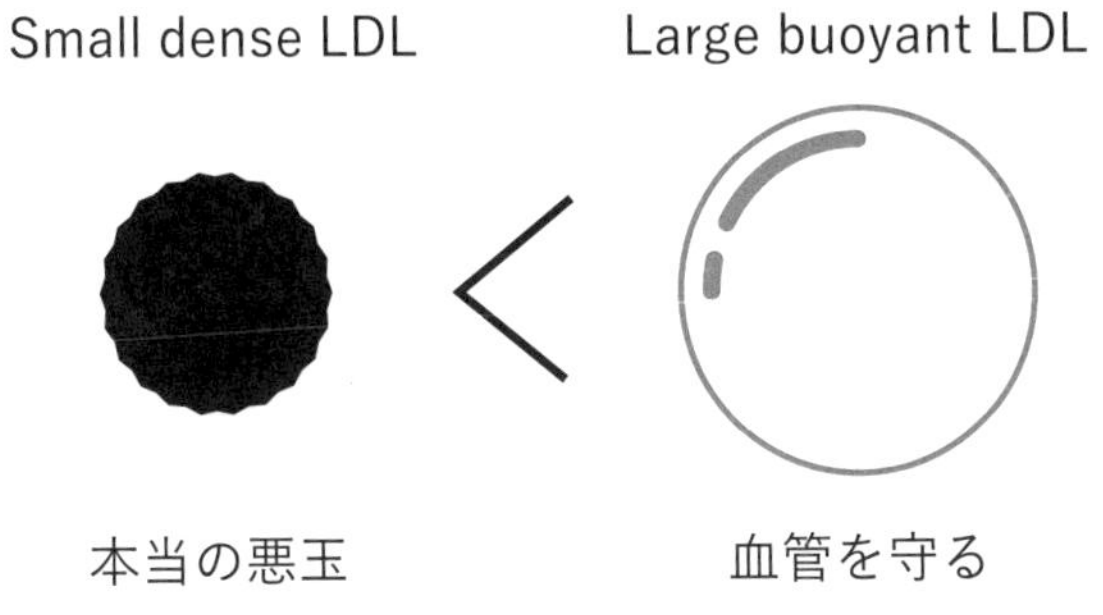

ポンポン球のほうがパチンコ玉より量は多くなりますね。

つまり、勝田さんは、超悪玉の小型LDL（パチンコ玉）が多い人、コレステロールが高いけど病気にならないお友達は、善玉の大型LDLコレステロール（ピンポン球）が多い人である可能性があります。


私のYouTube「マインドフル睡眠チャンネル」でこのお話をしたところ、「ずっと悩んでいたことが解決しました！」というコメントをたくさんいただきました。私がお伝えしたことを知って悩みや苦しみから解放された人が大勢いると知って、とても嬉しく思います。

おそらくこうしたコメントをくださった人の多くは、コレステロールの数値を下げなくては、と思って食事や運動を頑張られていたのだと思います。

それでも数値が良くならないので「どうしてだろう？ 努力が足りないのかな？ それとも何かが間違っているのかな？」と疑問を持ってあれこれ調べ、私の動画を探し当ててくださったのではないかと思います。

「早く知りたかった」と多くの人が言いますが、努力して、失敗して、疑問が生まれて、調べたからこそ、私の動画にたどり着いたことを考えると、努力は無駄ではないのです。

健康のために何かアクションを起こしてみるということ、そしてうまくいかなかった理由を調べてみること、これらは主体的に健康を作ろうとする行動です。

このように、自分の健康は自分で作るんだという意識を持って生活するのもマインドフルネスだと思います。

何か変だと思ってもそのままにしたり、人の言うことを鵜呑みにしたり、諦めたりして、自分の体の問題から目をそらすのは、マインドフルネスではありません。


ちなみに、「ＬＤＬは高いけれど、小型が多いのかどうかわからない」という方は、調べる方法があります。

一つは病院で、自費で検査をしてもらう方法です。

スモールデンスＬＤＬという項目を測ってもらうか、LOX index という検査を受けるといいでしょう。

また、健康診断の結果から計算で予測する方法もあります。

中性脂肪÷ＨＤＬコレステロール

この値が2以上であれば、小型のＬＤＬが多い可能性が高いです。

そして、2以上の人は、心筋梗塞や狭心症などになるリスクも高いです。気になる場合は、計算してみてくださいね（巻末の参考論文1、2参照）。

もしこの計算値が2未満であれば、総コレステロールやLDLコレステロールの値が高くても、動脈硬化のリスクが低いと考えられます。

勝田さんは、この計算をしたところ「3」でした。残念ながら安心できる数値ではありません。

食事も運動も頑張っていた勝田さんですが、食事内容を見ると、ちょっとした勘違いと思い込みがあるようです。

勝田さんがどのようにして改善したのかについては、第5章でお話します。

4　高血圧

健康食品では健康にならないと知った高杉さん（49歳・男性）

血圧が上がる原因は

高杉さんは高血圧で通院中です。カルテには「11時半には病院を出たい」と受付のメモが貼ってあります。

ところが、「高杉さん、診察室にどうぞ」と呼んでも入ってこられません。探しに行ってみると、待合室の椅子でぐっすり眠っていました。

「すみません、昨日2時間しか寝てなくて。ところで先生、健康診断で腎臓が悪いと言われました。高血圧は腎臓に悪いんでしょう。もっと強い薬を出して、血圧を下げてください」

仕事中に会社から抜け出して病院に来ているようで、急いでいるように早口で話されます。ワイシャツのポケットにはタバコが入っているのが透けて見えました。

「最近、毎朝トマトジュースを飲んでいます。ＧＡＢＡが入っていて、血圧下げるらしいです。あ、この前話した玉ねぎと酢はやめました。あまり効かなかったんで。エノキもいいらしいですね。ラーメンのスープは飲まないようにして、塩分には気をつけています」

高杉さんは、血圧が下がる食材や健康食品をこれまでいろいろ試しては、私に報告してくれます。でも今のところあまり効果は得られていないようです。

それもそのはず、血圧が上がる原因をそのままにしているからです。高杉さんの高血圧の原因は、タバコ、慌ただしい生活、そして睡眠不足です。

タバコをやめられない心理

タバコによって血管はキュッと縮み、血圧を上げます。

ニコチンには強い依存性があるので、すぐにやめろと言っても難しいのはわかります。とはいえ、タバコが血圧を上げている原因なのに、禁煙するつもりが全くないのは問題です。タバコを吸い続けながら薬を増やすより、タバコをやめたほうが体にとってはるかにいいし、お金もかかりません。

多くの人がこのように体に毒を入れながら薬をほしがります。

このタバコをやめない心理を解き明かすヒントを、健康教育学会の竹林正樹先生の

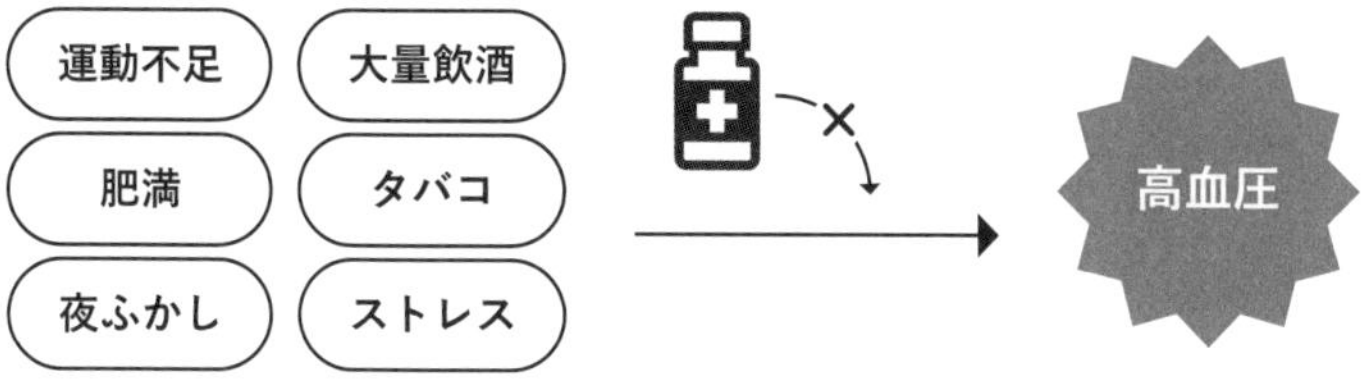

論文の中に見つけました。竹林先生は、行動経済学のナッジ理論を健康教育に生かす研究をされています。

そのタバコをやめない心理とは、まず「現状維持バイアス」です。変化を避けて、今まで通りの習慣を維持したくなる心理です。

次に、「損失回避バイアス」といって、禁煙で得られるメリットよりも、禁煙して精神的なストレスを感じるという損失のほうが大きく見えてしまう心理もあります。そして、CMなどで何度も「血圧が高い人に良い！」という情報を目にすると、その情報を信じやすくなり、直感的に健康食品を選んでしまうという心理も働いています。

頭でわかっているつもりでも、このように脳の仕組みのせいで不合理なことをしてしまうのが、私たち人間なのです。

交感神経が働きすぎると血圧は上がる

高杉さんは、いつも慌ただしく1日を駆け抜けているように見えます。やるべきことがたくさんあって、時間が足りない感覚は、緊張と焦りを生み出して、交感神経の働きを活性化し、血管を収縮させます。

今ここに意識を向ける余裕がなく、いつも「次にすること」を考えていると、いつまで経っても満足は得られず、緊張状態から解放されることはありません。

その結果、交感神経が活発になりすぎて、血圧が上がります。

時間に追われる生活をしていると、夜の寝ている時間がもったいないと感じる人も多いようです。

24時間の中で仕事と自分の好きなことをたくさんやろうとすると、睡眠を削るしかありません。しかし、睡眠は体と脳を休めているだけではありません。睡眠中に脳神経やすべての臓器はメンテナンスを行っています。

通常、眠っている夜間に交感神経の働きが下がり、副交感神経の働きが高まりますが、睡眠不足だと交感神経が高まりっぱなしです。

交感神経は戦いの神経で、血管を縮めて血圧を上げるように働きますので、起きている時間が長ければ当然血圧は上がります。ちゃんと毎日眠って禁煙すれば、血圧のせいで外来にくる時間を節約できるかもしれないのですが…。

高杉さんは、喫煙、慌ただしい生活、睡眠不足などの血圧が上がる原因についてはあまり意識しようとせず、新しい健康情報に飛びついて血圧をすぐに下げる方法を探し続けています。その結果、高血圧は改善するどころか上がり続け、腎臓障害を起こしかけていました。ここまで来てもなお、自分の行動を変えることよりも薬を増やすことに解決策を求めています。


そのほかの血圧が上がる原因には、精神的なストレスがあります。

ストレスはコルチゾールの分泌を増やします。コルチゾールは血管を収縮させて血圧を上げます。コルチゾールが脂肪をためることが肥満につながり、体重増加が血圧を上げます。運動不足や、大量飲酒も血圧を上げる大きな原因です。

さらに、ストレスが過剰になると、睡眠不足になったり、食べすぎたり、タバコやお酒の量が増えたりして、血圧が上がりやすくなります。

多くの患者さんが血圧の原因として、塩分の摂りすぎばかりを気にしていますが、塩分過剰が関係している人は高血圧の人のたった2割程度です。

むしろ、タバコ、睡眠不足、ストレス、運動不足、肥満などが大きな原因であることが多いのに、それを知らなかったり、気づかない人が多いのは残念です。

高杉さんは、好奇心旺盛で、仕事への意欲も高い人でした。だからこそ頑張り続けて血圧が上がってしまったのです。


こんな高杉さんのような方には、仕事のパフォーマンスが上がり、しかも血圧を下げる効果が数々の論文で報告されているマインドフルネスが役に立ちます。

マインドフルネスが血圧に良い影響を及ぼすことは、これまで数多くの論文で報告されています。

世界中の多くの医療機関でのマインドフルネスストレス低減法のプログラムが導入されて、高血圧に良い結果をもたらしています。

ストレスを抱えながら忙しい毎日を送っていて血圧が高いなら、ぜひやってみるべきです。

5 過敏性腸症候群

下痢止めが手放せない細井さん（23歳・女性）

細井さんは、1年以上下痢が続くということで私の外来を受診されました。毎朝、お腹が痛くなって下痢をし、大切な仕事がある日に限って体調が悪くなるとのこと。最近は仕事を休むことが多くなっているそうです。

もともと緊張しやすい性格の細井さんは、仕事の接客中にお腹が痛くなったらどうしようと心配になり、市販の下痢止めをいつも飲んでいます。最近は食欲がなく、食べるとものが喉につかえる感じがするそうです。さらに、手先が冷えてしびれるような症状も出てきたので、私の外来を受診されました。

これまで別のクリニックでお腹の症状に対する薬をもらっていましたが、あまり症状は良くならないということでした。

偏った食生活が体の不調につながる

細井さんは1年前に就職するとき、実家を出てひとり暮らしを始めたそうです。実家ではご飯と味噌汁の朝食でしたが、パンが好きだったので、それからは、朝はパン、昼はプロテインバー、夜は自炊するという生活でした。

夜は仕事が忙しいとお菓子を食事の代わりにして済ませることも多いそうです。好きなお菓子はチョコレートとクッキー。家や職場のデスクにはお菓子のストックを切らさないようにしています。

細井さんを診察すると、眼瞼結膜は白に近い薄ピンク色。爪は薄く平べったい感じで、先が割れてガタガタになっています。

髪は艶がなく、少し乾燥している感じで、頭頂部は地肌が見えるくらい薄くなっていました。

細井さんにはビタミンやミネラルなどの栄養が不足しており、胃腸の粘膜に問題を起こしているのではないかと考え、血液の検査を行いました。

血液検査の結果では、貧血があり、鉄やフェリチンが低値を示していました。鉄不足では喉が詰まったような症状や、手足の冷えや痺れをきたすことがあります。

また、亜鉛もかなり不足していました。亜鉛が少ないと、腸の粘膜の免疫が低下し、下痢になりやすいのです。さらに、食欲がなくなったり、味覚が低下したり、髪が抜けたり、元気がなくなったりと、さまざまな不調を来します。

ひとり暮らしで偏った食生活になったことが、一つの原因でした。

パンやお菓子ばかりの生活をしていると、ビタミン、ミネラルの絶対的な摂取量が少ないうえに、過剰な糖質がビタミンとミネラルを消費してしまって、栄養欠乏状態になります。加工食品に含まれる添加物は、亜鉛の吸収を阻害して、亜鉛欠乏を引き起こします。

そして、社会人として初めての経験ばかりで緊張状態が続いていたことも、精神的なストレスとなって胃腸の障害を起こす原因になったのでしょう。

細井さんの症状は、一般的に「過敏性腸症候群」と呼ばれます。

原因を調べると、このように亜鉛欠乏や栄養障害であることも珍しくありません。小麦などの遅延型食物アレルギーが原因だったということもあります。

また、潰瘍性大腸炎やクローン病を含む「炎症性腸疾患（ＩＢＤ）」も下痢や腹痛を繰り返す病気です。ＩＢＤは日本で年々増えており、世界的にも増加傾向です。特に多いのはアメリカやヨーロッパなどの先進国で、日本はアメリカの半分くらいです。

先進国の有病率は毎年それほど変わりませんが、新興国において急速に増えています。私は、これらの疾患の中にたくさんの栄養障害や遅延型フードアレルギーが含まれているだろうと考えています。そして、その原因は、加工食品に含まれる食品添加物や小麦製品ではないかと思います。食の欧米化が原因だろうとよく言われますが、患者さんがそんなに家で肉ばかり食べているようには思えません。

肉食が増えているというより、コンビニなどで手軽に購入できるカップ麺やパン、弁当やお菓子といった超加工品が急速に増え、生活の中にはびこっているのではないでしょうか。

体が喜ぶものを食べることの大切さ

実際に私が診察する患者さんで栄養不足が判明した人に食生活を聞いてみると、自宅で肉や野菜を毎日調理している人はほとんどいません。

栄養の大切さは幼い頃から学校で学んできたはずなのに、実際に社会に出るとそれほど重要だとは思っていない人が非常に多いようです。

何を食べたら元気が出て、何を食べたら調子が悪くなるのか、それを知るには、やっぱりこれも「マインドフルネス」です。

食事と体調の関係は、注意深く自分の体調を観察すればわかるようになります。

「食べすぎているのか、足りないのか」

「食べた後、元気が出るのか、逆に体が重く苦しくなるのか」

そんなことは意識せずに、そのときの味や満腹感を優先して追い求め、自分の体が本当に喜ぶかどうかを無視してしまっていないでしょうか。

味や手軽さだけではなく、体の感覚も意識して食材を選ぶ習慣を見つけてほしいと思います。

今ここにある自分の体の感覚に丁寧に気づいて、体が喜ぶ食べ方をするのが、マインドフルネスです。

過敏性腸症候群（ＩＢＳ）は、ストレスで悪化する病気です。マインドフルネスストレス低減法（ＭＢＳＲ）はこの症状を改善するのに役立ちます。

２０１１年に報告されたノースカロライナ大学での研究によると、ＭＢＳＲの８週間トレーニングでＩＢＳの患者さんの26・４％で重症度改善が見られました。

細井さんのような症状があるなら、マインドフルな食事の選び方とともに、ストレスを低減するマインドフルネスを実践すれば、かなりの改善が期待できます。

6　頭痛

雨の日も晴れの日も苦痛を感じている土井さん（39歳・女性）

土井さんは病院の事務で働いています。頭痛があり、特に天気が症状を左右します。雨が降りそうな日や気圧が低いときは、特にひどい頭痛に悩まされているそうです。

片頭痛はさまざまな原因で悪化する

痛いときは、右か左のこめかみのあたりが脈打つようにズキンズキンと痛みます。これは片頭痛に特徴的な症状です。

片頭痛は、さまざまなきっかけで始まったり、悪化したりします。土井さんのように低気圧で悪化する人は非常に多いのですが、眩しいほどのお天気も悪化要因になります。だから、土井さんは、雨の日も晴れの日も苦痛なのです。

運動、音、電気の灯り、匂い、温度なども頭痛のきっかけになります。外来にくる方の中には、眩しくないようにサングラスを常にかけて、耳栓をして、匂いを感じないようにハンカチで鼻を覆ってくる方もいます。それくらい、感覚に過敏になってそれが痛みを引き起こすので辛いのです。

慢性的な頭痛にはいくつか種類があります。

土井さんのような片頭痛、肩こりや首の痛みを伴って頭全体が締め付けられるような緊張性頭痛、目の奥がえぐられるような激しい痛みの群発頭痛などがあります。

土井さんは、毎日のように頭痛があり、いつも痛み止めを携帯しています。病院からの薬に加えて、市販の頭痛薬も買っているそうです。痛み止めの飲みすぎのせいか、胃が痛くなってきました。

そんな土井さんは、胃痛と頭痛をなんとかしたくて私の外来に来られました。強い胃の痛みがあったため上部消化管内視鏡を行ったところ、鎮痛薬による胃炎を起こしていました。

片頭痛の治療は、以前に比べてずいぶん進化しました。

痛いときに痛み止めを飲むのが頭痛の治療だと思っている人も少なくないのですが、頭痛を起こさないようにする予防薬もあります。

予防薬にはいろいろな種類があり、毎日飲む薬もあれば、月に1回皮下注射をする方法もあります。

痛み止めだけで乗り切ろうとすると、土井さんのように胃腸の障害を来したりすることもありますし、痛み止めの連日服用によって頭痛が悪化することもあります。「頭痛くらいで」なんて言わずに、ちゃんと神経内科を受診して適切な治療を受けてもらいたいと思います。

片頭痛は、遺伝的に母親から受け継ぐケースが多いです。

他に生活環境も影響します。睡眠不足、寝すぎ、緊張状態、緊張から解放されたとき、生理のとき、疲労、空腹、飲酒、チーズやチョコレートなどのアミンを含む食材を食べたときなども誘発因子になります。

糖質の摂りすぎが頭痛を悪化させる

最近わかってきたことなのですが、なんと片頭痛は糖質の摂りすぎで悪化します。糖質を摂りすぎるとインスリンが大量に分泌されて今度は急速に血糖値が下がっていきます。これを血糖値スパイクと呼びます。このような血糖値の乱高下は頭痛の原因になります。

糖質を少なめにして、脂質とタンパク質を多めに摂るケトン食という食事療法があります。糖質の代わりにケトン体をエネルギーとして使うので、血糖値の乱高下は起こりません。この食事方法で片頭痛の症状が改善した例が、多数報告されています。

イライラすると、甘いものがほしくなるという方が多いですが、感情に任せて甘いものを食べ続けていると今度は片頭痛の発作が起きてしまうので、食べるものには注意しなければなりません。

さらに、ネガティブ思考は片頭痛を起こしやすくします。広島大学大学院の杉浦教授らによると、ネガディブな反復思考をした人は、そうでない人に比べて1か月後の片頭痛を来すリスクが2・48倍高かったそうです。

嫌なことがあると、つい何度も思い出して考えてしまいがちですよね。そんなとき、「あ、また同じことを考えているな」と気づくと、その思考をいったんストップできます。

マインドフルネスは、その気づきを高めてくれるトレーニングです。

痛みがあることを、天気のせい、遺伝のせい、誰かにストレスをかけられたせい、と考えるよりも、自分の食べているものや考え方に目を向けて気づいていくことで改善しやすくなります。

実際にマインドフルネスの8週間のトレーニングを受けた人は、片頭痛の痛みが軽くなり、生活の質が改善し、不快な感覚が軽くなったという研究結果があります。

7 不眠

部屋が暗いと不安になる臼井さん（54歳・女性）

臼井さんはひとり暮らしをしています。

子供たちは成人して家を出ていき、夫は3年前に病気で亡くなったそうです。夫が亡くなった頃から寝るときに部屋が暗いと不安を感じるようになりました。眠れなくなり、近くのかかりつけの医師から睡眠導入剤を処方されて服用するようになりました。

薬がないと眠れない

薬を飲んだら眠れるのですが、薬がないと朝まで起きてしまいそうで不安だと言います。それで、毎日欠かさず睡眠導入剤を飲んでいます。

最近、友人から、睡眠導入剤をずっと飲んでいると認知症になるからやめたほうがいいと言われ、心配になって私の外来を受診されました。

睡眠導入剤は、眠れなくて苦しいときの心の助けになると思います。

しかし、眠れなくて困るのではなく、「眠れなかったらどうしよう」という不安を和らげるためになんとなく毎日飲むのは賛成できません。

近年多くの研究で、睡眠導入剤を服用し続けることで、死亡リスクやがんになる確率が上がることが報告されています。また、偽薬でも睡眠導入剤でも眠る時間はそれほど変わらないという結果もあります。

睡眠導入剤で眠ったとしても、本当に眠ったときに得られるような記憶の定着が得られないということもわかっているので、結果的に睡眠導入剤で眠ったつもりでも不眠のときと同じような脳のダメージを受けていることになります。

不眠症では認知症のリスクが上がります。

ストレスによる不眠はマインドフルネスで軽減できる

眠れない原因は、人によってさまざまですが、一つはストレスによる不眠があります。

日中に嫌なことやストレスになったことがあると、そのことに思いがとらわれて寝付きが悪くなります。日中の緊張が強いと、その緊張がなかなか取れずに眠りが浅くなります。

ストレスが不眠をもたらすのは誰もが認めることと思います。

マインドフルネスはストレスを軽減します。

マインドフルネスを行うと、唾液中コルチゾールが低下することが認められていま
す。

コルチゾールはストレスホルモンですが、同時に覚醒のホルモンでもあります。明
け方になるとコルチゾールが増えて、自然と目が覚めるように体に働きかけてくれま
す。

ところが、ストレス過剰な状態にいると、朝でもないのにコルチゾールが増えて夜
中に目が覚めてしまうのです。

マインドフルネスは即効性のある薬とは違いますが、不安を軽くし、緊張をほぐし、
ストレスを軽くするので、安定剤や睡眠導入剤と同様の効果が期待できます。

8　物忘れ

言われたことが思い出せない相田さん（65歳・男性）

相田さんは奥さんと二人暮らし。最近物忘れがひどくなっているようだと奥さんに心配され、私の外来に来られました。もらったお土産を見て誰にもらったのか思い出せなかったり、鍵や携帯を何度も失くしたりしているそうです。

数か月前に小学校の仕事を引退したばかりで、これからはスクールカウンセラーとして仕事をするために準備をしています。

自分のやりたかったことを自分のペースでできることにワクワクされている反面、どうしたらいいものやらわからないことだらけで、ちょっと疲労しているように見えました。

経済的な面もちゃんとやっていけるのか不安だと言われていました。

相田さんには、頭部ＭＲＩや認知機能検査を受けてもらいましたが、どれも異常はありませんでした。ただ、抑うつの傾向がみられていました。

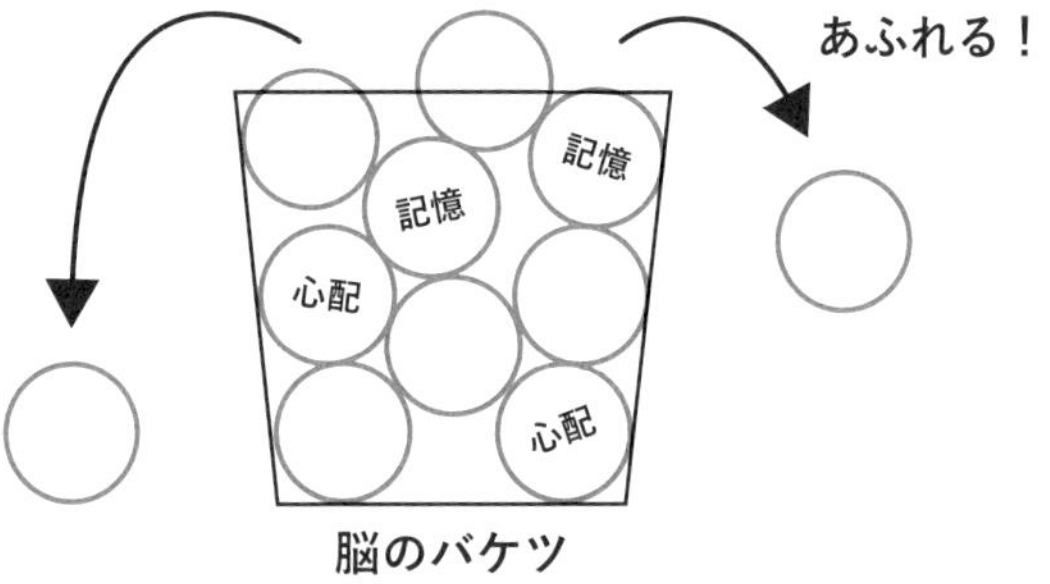

脳のバケツから記憶があふれる

物忘れは、認知症でなくても起こることがあります。ビタミンB群などの栄養不足、甲状腺機能の低下、そしてうつ状態のときにも物が覚えられなくなることがあるのです。

物忘れと言っても覚えられないことがすべてではありません。うつ状態のときには、覚えていたとしても、記憶の引き出しからそれを取り出すのに時間がかかってしまい、忘れたように見えることもあります。思考の回転が遅くなっているような状態です。

また、他の考えごとで頭がいっぱいになっているときには、何か言われてもそのことを記憶に留めないままスルーしてしまうこともあります。

相田さんは、仕事をやめて、毎日の生活がガラッと変わりました。いつもと違う生活になることは、脳にとってストレスです。そして、やるべきことがたくさんあって、異なるタスクを同時に処理しないといけません。

さらに今後の経済的な不安を感じています。

オキシトシンとストレスの関係

幸福感や人とのつながりを感じるときに分泌されるオキシトシンというホルモンがあります。相田さんのように種類が違うストレスがいくつも積み重なると、オキシトシンの分泌は減ってしまい、心身の状態を崩しやすくなります。

ところが、オキシトシンは、同じ種類のストレスが長期間続くときはむしろ増える傾向があります。慣れない仕事にストレスを感じ

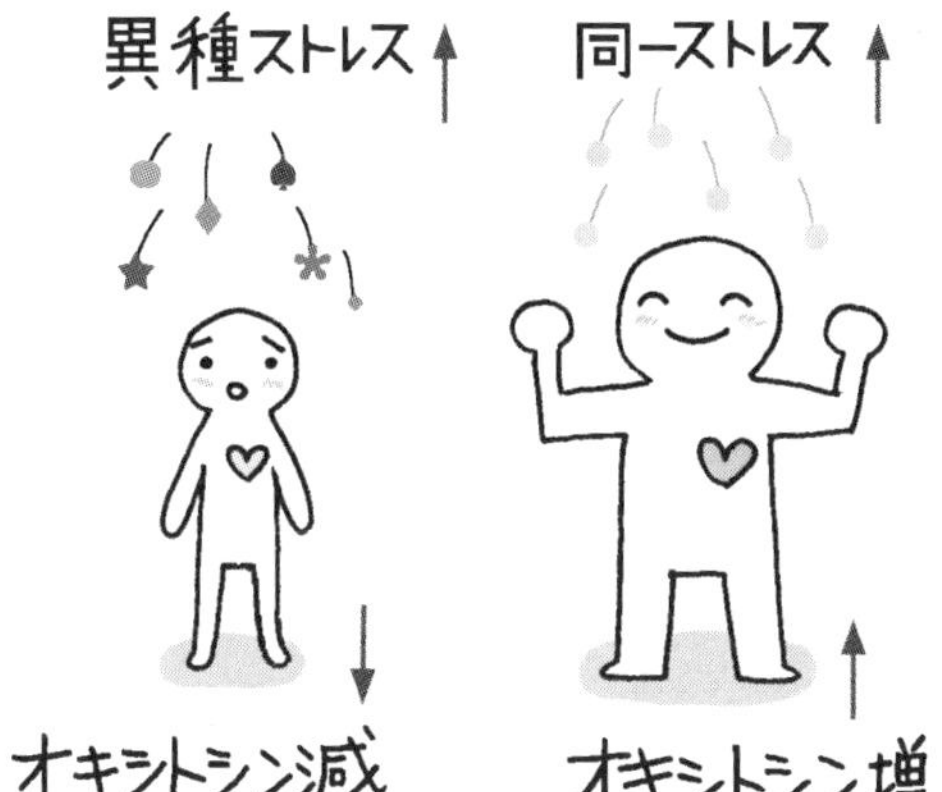

ていても、同じことを続けるうちにさほど辛くなくなることがありませんか。

そのストレスに対応することを学習し、オキシトシンが増えて私たちを守ってくれているようです。ところが、相田さんのように退職、新しいことへのチャレンジ、生活リズムや人間関係の変化、収入の変化による今後の不安などの複数の種類のストレスがイレギュラーにやってくる状態では、オキシトシンはなかなか増えてくれないどころか減ってしまうのです。


脳は現状維持が大好きです。だから、これと言った理由がないのに気分が落ち込んだり、物忘れしやすくなったり、体調が悪くなるようなときには、自分がどんなストレスを感じているのかに気づく必要があります。

よく気づいてみれば、小さな変化が積み重なっているかもしれません。


コロナ禍では、さまざまな環境変化を体験したと思います。その結果、子供も大人も心身の不調が増えました。

「これくらいのことでストレスを感じて不調になるなんて、私は弱い人間だ」と思う必要はありません。人それぞれにストレスを感じる閾値が違い、これまでの経験も違います。

瞑想によって記憶力を強化するMBSR

マインドフルネスは、複数のストレスを受けている脳を救ってくれます。あれも、これも、と頭の中がごちゃごちゃになっているときに、マインドフルネスが目の前にあることだけに意識を集中させてくれるからです。

たくさんのタスクを抱えているとき、今からやるべきことをリストアップすると、たくさんの項目で紙が埋まってしまい、圧倒されるような感覚になるかもしれません。しかしそこで何から始めるかを決めて、その一つの項目だけに意識を集中させると、頭がスッキリします。

同じように、たくさんの考えごとや悩みが次々に浮かんでくるときは、「いっぱい考えることがあるなあ」と認めてから、今ここにあることだけに意識を向けると、少し気持ちが楽になります。

マインドフルネスは、記憶力を強化したり、集中力を高めたり、認知機能の低下による感情の起伏の激しさを改善する可能性があります。

瞑想によって新しい記憶を蓄積する部位、海馬の灰白質が増加することが、研究で明らかになっています。

ハーバード大学でサラ・ラザー氏は、学生にMBSR（マインドフルネスストレス

マインドフルネス	
怒り・不安 ↘	記憶力 ↗
孤独感 ↘	集中力 ↗
焦燥感 ↘	想像力 ↗
疲労感 ↘	共感力 ↗

低減法）を受講してもらい、海馬の大きさの変化を調べました。8週間後、海馬の灰白質は5％増加していました。

脳の神経細胞は、細胞の数を増やすのではなく、樹状突起という部分が他の神経細胞に枝を伸ばして増えていきます。

ただ脳が大きくなったのではなく、神経のネットワークが強化されているのです。

私は20年以上、外来診療でほぼ毎日認知症の方を診察してきました。

認知症の方のご家族が最も悩まれることは、患者さんの感情の起伏が激しくなることです。

大切な家族の記憶が失われていく。それだけでも悲しいことなのに、その家族から激しい口調で攻撃されるのは本当に辛いと思います。

この、感情的になるという状態を作り出すのは、脳の扁桃体という部分です。扁桃体は、怒りや不安といった感情を受けとって、視床下部に情報を伝えます。視床下部は、左右の副腎に信号を送ってコルチゾールやノルアドレナリンなどを分泌させます。

自律神経では交感神経が活発になり、息が荒く胸がドキドキして、体の筋肉が緊張します。

先ほどのサラ・ラザー氏の研究では、MBSRを受けた人たちは、8週間後、扁桃体の一部が5％減少していました。

ネガティブな感情を受け取る部分が小さくなるので、それに対する体のストレス反応も少なくて済むと考えられます。

相田さんのように、気分の落ち込みや物忘れがある方にぴったりのマインドフルネスを、第5章でご紹介します。

9 ウイルス感染・花粉症

鼻水と咳が1か月続く藤井さん（34歳・男性）

藤井さんは、工場で働いています。風邪の症状が長引いてなかなか治らないので、上司から勧められて、私の外来に相談に来られました。

話を聞くと、藤井さんは花粉症がありますが、毎年鼻水や目の痒みが出るのは春だけで、5月には症状が消えていたそうです。それが、今年は6月になろうとしているのに、まだ鼻水や咳が止まらないというのです。

今の仕事の状況を尋ねると、3か月ほど前から海外からの派遣社員が増えて、自分の部下が全員外国人になったということでした。言葉がほとんど通じないため、説明をしてわかってもらえたかどうか、いつも心配しているそうです。

というのも、去年別の工場で、海外からの派遣社員が労働災害で指を失うという事故を起こしてしまったことがあったからです。自分の部署でも何か起こるのではないかと思って、気持ちが落ち着かないと言われていました。

夜間に何度も目を覚ますようになり、食欲がなく、朝も昼もほとんど食べていません。仕事は人に頼めずにたくさん抱え込んでいて、朝早くから夜遅くまで働き続けていたそうです。

免疫力の低下で長引くアレルギー症状

血液検査やレントゲンなどを行った結果、藤井さんには軽度の副鼻腔炎がありましたが、それほど強い炎症はありませんでした。長引く原因として私が考えたのは、長期間にわたるストレス、睡眠不足、食欲低下による栄養障害です。

風邪の原因はウイルス感染、花粉症の原因は花粉アレルギーです。しかし、それはきっかけにすぎません。免疫力が低下しているせいで、ウイルスが侵入して体の炎症を起こしやすくなっていることが大きな原因なのです。

まず、睡眠が足りないと、成長ホルモンの分泌が妨げられます。成長ホルモンは細胞のダメージを修復するのに役立ちますので、不足すると感染症やアレルギーによる症状は長引きます。

また、睡眠不足は免疫細胞が抗原を記憶するシステムを障害するので、病原体に対する防御力が弱まります。

さらに2023年の研究では、睡眠時間が短いほど腸内免疫に関わる抗菌ペプチドαディフェンシンが減るということが報告されています。

藤井さんは食事の量が減ってタンパク質の摂取量が少なくなっていたので、エネルギーやホルモンを産生することができなかったはずです。

さらに長時間労働や休日出勤で日光に当たる時間はごくわずか。おそらくビタミンDも不足していたでしょう。こうした栄養不足は、深刻な免疫力の低下を招きます。食物繊維やビタミンA、C、Eなど他にも免疫を整えるためには多数の栄養素が必要です。

そして、ストレスによる免疫力の低下が、一番の原因だったと思われます。

精神的なストレスが続くと、全身の粘膜に存在する免疫グロブリンIgAの分泌が減るので、防御力が下がります。

さらに交感神経が活発になってコルチゾールが増加します。コルチゾールは免疫を抑制するステロイドの一つです。

1980年代にカーネギーメロン大学で約4000人を対象に行われた研究では、ストレスが多いほど風邪の罹患率が高いという結果が出ています。

ストレスを軽減する方法といえば、もうおわかりですね。

マインドフルネスです。

マインドフルネスによる免疫力向上については、多数の報告があります。

2003年ジョン・カバッドジンらのグループは、普段から瞑想を習慣にしている人は、そうでない人に比べてインフルエンザのワクチン摂取したときの抗体価が高くなることを報告しました。

メカニズムについてはまだわからない点が多いようですが、マインドフルネスによって炎症反応が下がり、細胞性免疫が強化される可能性があることが報告されています。

マインドフルな生活をすることで、私たちは栄養や休養に気を配ることができるようになります。

心配と緊張と過労で自分の体を守れなくなっていた藤井さんには、自分をいたわるマインドフルネスの方法が必要です。

詳しくは第5章でご紹介しましょう。

10　がん

乳がんが見つかった川上さん（75歳・女性）

川上さんは、上品なグレイヘアーで背筋の伸びた凛とした女性です。スーツ姿で外来に来られました。

2か月前に乳がんと診断されたそうです。肺と大腸に転移が見つかっており、主治医からは積極的な治療は行わないと言われたそうです。

これからどのように過ごしていくのか悩み続け、いろいろ調べました。そして、マインドフルネスががんの痛みや苦しみを軽くすることを知って、私のところに相談に来ました。

川上さんは、建設会社の二代目社長です。

お父様から引き継いだ会社を必死に守り抜いて来られました。

半年前に社長を引退しましたが、社長をやめた途端、今まで親しかった人たちは離れていき、人との付き合いがほとんどなくなってしまったそうです。結婚はせず、ずっとひとり暮らしの川上さんは、仕事だけが生きがいでした。

仕事をやめた川上さんは、気づくと古い学生時代の友人以外に、話ができる相手がいませんでした。趣味もなく、会社以外のコミュニティにも属していませんでした。

突然、想像以上の孤独感を味わうことになり、川上さんは途方に暮れました。これまでたくさんの人の面倒を見てきたのに、社長をやめた途端に連絡もしてこなくなった人たちに対して、身勝手だと怒っています。

寂しさ、怒り、悲しみ、不安などを感じながら数か月過ごしているうちに、夜は眠れず、胃腸の調子も悪くなっていきました。

そして、がんが見つかったのです。

ストレスががんの原因になることは明らか

ストレスは、がんの原因となります。

免疫細胞の中にあるATF3という遺伝子は、がんを悪化させる働きを持っています。

ATF3遺伝子は普段は静かにしていますが、ストレスホルモンによって活性化されます。

乳がん患者では、ATF3遺伝子が活性化していない人では1年生存率が85%なのに対し、ATF3遺伝子が活性化している人は1年生存率が45%だったそうです。

ATF3遺伝子が活性化すると、がんの転移も発生しやすくなります。

実は私の父は、70歳すぎで自分の病院の理事長をやめたとき、揉めごとがあり、大きなストレスを経験しました。

そして、その直後にがんを患いました。今までがんにかかったことがなかったのに、腎臓、膀胱、胃、肺などの複数の臓器に原発性のがんができたのです。

幸いどれも早期に発見され、治療を行い完治しました。そして85歳のときに大動脈解離で亡くなるまで、毎日現役で医師として働きました。

私は父を見て、ストレスががんを作ることを目の当たりにした気がしました。

そして、逆境から立ち直り、新しい目標に向かう心の力が再発予防に役立ったような気がしてなりません。

マインドフルネスががんのケアに役立つ

そうは言っても、すべてのがんが気力や心の力で変わるものではありません。

前向きに生き、感謝にあふれた毎日を送っていても、がん細胞の猛威から逃れられないこともあります。

そんなとき、マインドフルネスはきっと役に立ちます。

国内外の多くの医療現場でマインドフルネスが、がんのケアに役立てられています。研究で示されているマインドフルネスのがんへの効果は、痛みの緩和、抗がん剤に対する不快感の緩和、不安の軽減などです。

マインドフルネスは、がんを治すという目的で行うというよりも、苦しみから心を解放して前向きに意義ある人生を歩むために役立ちます。

それこそ、誰もが求めることであり、幸せになれる方法なのではないかと思います。

第3章

基本の実践方法
——メインメニュー

1　食べる瞑想

普段、あなたはこんな食べ方をしていませんか？

テレビを見ながらパクパク。

スマホを見ながらポリポリ。

お腹はいっぱいだけどなんとなく、むしゃむしゃ。

イラッとして、ガツガツ！　楽しくなって、グビグビ。

食べる瞑想は、マインドフルイーティングとも呼ぶ、食べ物を使った瞑想です。

呼吸瞑想よりも先にこれをご紹介するのは、毎日の食事にぜひ取り入れてもらいたいからです。

生活習慣病の多くが、食事の問題から来ています。何をどのくらい食べるのか（もしくは食べないのか）も大切ですが、「どんなふうに食べるのか」はそれ以上に大事なのです。

食行動、食心理学の専門家、ブライアン・ワンシンクは人々の無意識な食行動について研究しています。

彼の著書『Mindless Eating（邦題：その一口がブタのもと　集英社）』では、一般的な人が無意識に口に入れている食べ物のカロリーは200キロカロリーと書かれていました。それだけのカロリーを食べたかどうか気づいてもいないのです。

私の個人的な見解では、もっと多くのカロリーを無意識に食べている人が多いだろうと思っています。なぜなら、食事の初めから終わりまで、食べ物のことだけ考えている人なんてほとんどいないと思うからです。

多くの人がスマホを見たり、考えごとをしたり、仕事をしたりしながら食事しています。そのときの意識は食べ物に向かっていないのです。

食べ始めるとき、食べているとき、食べ終わった後、それぞれで自分の体調や気持ちに丁寧に気づいていたら、無意識な食べ方はなくなります。

アメリカでは、食べる瞑想が肥満や糖尿病の治療に役立てられています。

これだけで一冊の本が書けるほど奥が深いものですが、ここでは大切なポイントに絞ってお伝えしましょう。

食べる瞑想を実践してみよう

【用意するもの】

食べ物。なんでもかまいません。野菜でも、お菓子でもどうぞ。この本ではチョコレートでやってみます。

【準備】

食卓テーブルの上には食事だけを置くようにしましょう。スマホはバッグの中など、見えないところに片付けて、パソコンやテレビはオフ。書類や新聞、本など文字が目に飛び込んできそうなものは見えないところに移動させてください。気が散らない静かな環境がお勧めです。

【食べる前にすること】

座って姿勢を整えます。2、3回呼吸を意識してみましょう。次に、お腹に意識を向けます。どのくらい空腹なのかを感じてみましょう。もう死にそうなくらいペコペコなら10点、特に空腹じゃないなら1点とします。今、何点ですか？

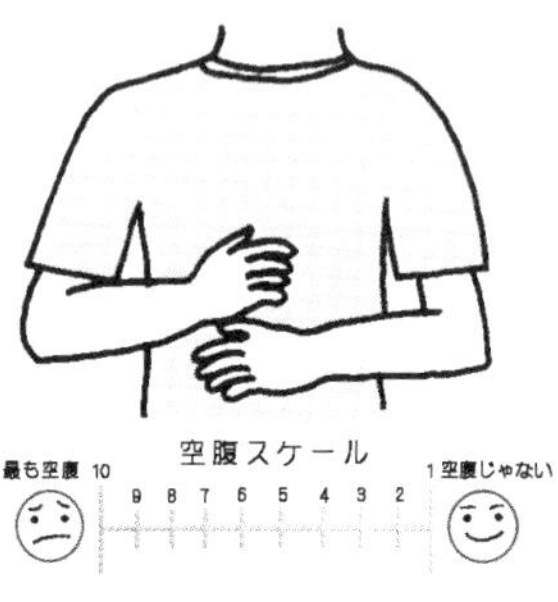

❶目で味わう

想像してみましょう。あなたは宇宙人で、今日初めてチョコレートを食べることになりました。チョコレートの見た目はどんな印象でしょうか。

❷手で味わう（手づかみできないものは、箸などでもＯＫです）

手のひらで重みを感じてみましょう。小さな食材でも重さがあります。そして、包み紙を開け、チョコレートを指でつまんでみましょう。どんな感触ですか？　硬い、滑らか、ベタベタするなどの感触を確かめます。

❸香りで味わう

手でつまんだチョコレートを鼻に近づけて、香りを感じましょう。その香りを嗅いで、どう感じますか？　甘い、癒される、ほっとする、早く食べたい、など浮かんでくる感覚を頭で言葉にしてみましょう。

❹舌で味わう

ではいよいよ、チョコレートを食べます。ちょっとずつかじって味わっていきましょう。

一口目をかじり、チョコレートを舌の上にのせて噛まずに味わってみましょう。溶けていくチョコレートのねっとりした感じ、味が口の中に広がる感じ、口から鼻に抜ける香り、出てくる唾液などが感じられますか?

❺喉で味わう

すっかりチョコレートが溶けたら飲み込んでいきましょう。

飲み込むときに唾液やチョコレートが喉を通るのを感じましょう。さらに、唾液とチョコレートが食道を通っていくのを観察しましょう。

❻口の動きを感じる

次に二口目をかじります。今度はチョコレートを噛んで食べます。上下の歯がチョコレートを砕いて、すり潰す動きを感じましょう。舌が小さくなったチョコレートを集めたり、左右に動かしたりしている動きにも気づいてみましょう。歯茎や口の中の粘膜の感覚にも意識を向けてみましょう。

❼耳で味わう

チョコレートを食べるとき、口の中の動きからくる音を聞いてみましょう。モグモグ、ピチャピチャ、ゴクリなど、音が聞こえてきますか?

❽心で味わう

どんな思いが湧いてきますか? 美味しい、甘い、もっと食べたい、好き、苦手、満腹、など感覚や感情、思考が湧き上がってくるのに気づきましょう。

❾ストーリーを思い描く

このチョコレートの材料の物語を想像してみましょう。

例えば、カカオの実が外国の農園で収穫されているところを思い浮かべてみます。農家の人が見晴らしのいい山の斜面にあるカカオの木から実を摘み取っている様子。箱の中に山積みになったカカオの実をせっせと運んでいます。

太陽に照らされた顔には汗が滲んでいますが、みんなで一緒に働く喜びで顔は明るく微笑んでいます。

カカオの原産地ではカカオは高価なものです。現地の人たちは、砂糖がたっぷり入った甘いチョコレートを口にすることは滅多にありません。

私たちは、いつでもお店に行けば甘いチョコレートを買って食べることができます。それは当たり前ではなく、ありがたいことです。平和な暮らし、健康な体があることに感謝の気持ちを持ってチョコレートを味わってみましょう。

⑩自由に味わう

３口目は好きなように食べてみましょう。

ここでは五感をフルに使って香り、味、音、口のなかの感覚、浮かんでくる思いなどを感じてください。食べ物や自分自身に意識をしっかり向けて、味わうことを楽しみましょう。

食べ終わったら、少しだけ目を閉じ、空っぽになった口の中を感じてみましょう。もっと食べたいのか、満足したのか、今の体調はどうなのか。どんな思いがあるのか。

２、３回呼吸をしながら余韻を味わって、食べる瞑想を終わりましょう。

2 呼吸瞑想

マインドフルネスに、特にこうしなければいけないというルールはありません。あるがままの状態を観察するのがマインドフルネスです。

呼吸瞑想も「呼吸をする」というより「呼吸を感じる」という意識で行います。

ここでは、長く楽に座って、楽しく呼吸瞑想を行うためのポイントをお伝えします。

始める前に、呼吸のメカニズムには2種類あることを知っておくと良いでしょう。

一つは、意識しなくてもやっているいつもの呼吸です。私たちが呼吸のことなんて忘れていても、延髄にある呼吸中枢が司令を出し勝手に肋骨を広げたり縮めたりして呼吸をしてくれます。

もう一つは、意識的に行う呼吸です。大脳が司令を出して、腹筋を縮めて横隔膜を押し上げ、息を吐くという呼吸の仕方です。お腹の力を緩めると、自然に横隔膜が下がって息が入ってきます。深呼吸するときや、ため息をつくときは、こちらです。この二つの呼吸は、働く神経も動く筋肉も違います。

これからお伝えする呼吸瞑想のやり方は、後者の意識的に行う呼吸をする前提でお伝えします。

腹式呼吸を静かに繰り返し、その呼吸に意識を向け続ける。

たったそれだけですが、得られる効果は絶大です。ぜひ、一緒にやってみましょう。

呼吸瞑想（意識的な呼吸で行う）を実践してみよう

【座り方】

椅子に座る場合は、浅く腰掛けて背もたれから背中を離します。少し足を開いて足の裏を床にピッタリつけましょう。

床に座る場合、右足先を左足の太ももの上に乗せ、左の足先を右足の太ももに乗せる結跏趺坐（けっかふざ）が座禅では勧められています。初めは痛く感じるかもしれません。

片足だけ太ももに乗せる半跏趺坐（はんかふざ）、両足を下ろした安楽坐（あぐら）を試してみてもいいでしょう。

△
○
半跏趺坐
結跏趺坐
安楽坐
△
○

そのまま床に座るより、クッションなどをお尻に敷くと両ひざとお尻の3点で体が固定され、楽に長く座れます。リラックスしつつも背筋が伸びて集中しやすい、自分に合った座り方を見つけましょう。

【姿勢の整え方】

椅子か床に座ったら、左右のお尻がどっしりと安定してグラグラしない位置を探して腰を落ち着けます。

腰骨を立てて、背骨が丸まらず、かといって反り腰にもならない真っ直ぐな背骨の状態を作りましょう。

よくわからないときは、お尻の下に両手を入れてみて、坐骨の硬いところが触れるようにすると、腰骨を立てる姿勢になります。

両手を組んで上にグーっと伸ばし、みぞおちを高く引き上げます。そして、上にあがったみぞおちの位置はそのままの状態で両手を体の横にストンと落とし、肩の力も抜きます。そうすると自然に良い姿勢を作ることができます。

おへその少し下のあたりを軽く凹ませるようにすると、さらに姿勢が安定します。

両手は、膝や太ももの上におきましょう。手のひらを上にすると、胸が広がり、呼

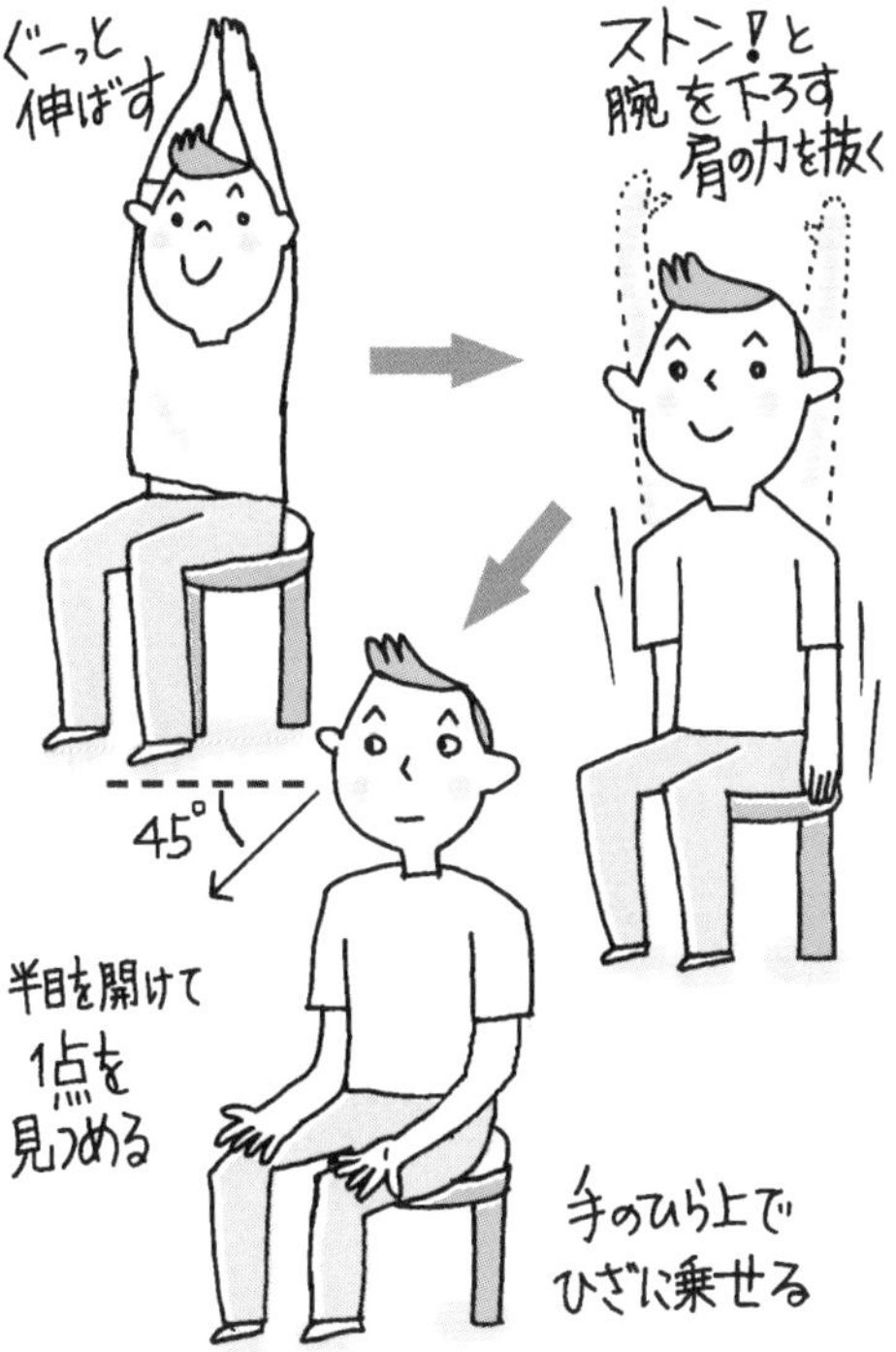
ぐーっと
伸ばす
ストン！と
腕を下ろす
肩の力を抜く
45°
半目を開けて
1点を
見つめる
手のひら上で
ひざに乗せる

吸しやすくなります。

目は半目を開いた状態（半眼）で斜め下45度の角度に視線を落とし、どこか1点を見つめておきます。目を閉じても良いですが、半眼で瞑想を5分以上行うと、アルファー波2というリラックスしつつも覚醒している脳波が出現し、集中力の高い状態が得られやすくなります。

最後に、ほんの少し口角を上げて微笑みましょう。表情が和らぐと心も和らぎます。

【呼吸の仕方】

呼吸瞑想は、普段通りの鼻呼吸で行います。

あるがままの呼吸をただ静かに観察するのが呼吸瞑想の基本だということを忘れないでください。

◯秒吸って◯秒止めて…など、呼吸をコントロールするようなことはしません。長く吐こうとか、深く吸おうとか、頑張る必要もありません。どんな呼吸でも良いのです。

頭であれこれ呼吸を操作しようと考えると、左脳が働きます。左脳が働きだすと呼吸瞑想のときに分泌されるセロトニンの分泌が止まります。呼吸瞑想は、呼吸をするというよりも呼吸を感じるというほうが正しいでしょう。

ただし、瞑想を始めるはじめのひと呼吸だけ、意識的に軽く息を吸い込んでから、お腹を凹ませるようにしてふーっと口から息を吐き出してみると、腹式呼吸のリズムが整いやすくなり、心と体が楽になります。

そのあとは、自然に鼻から息が入ってくるのに任せて、自然な呼吸を観察してみましょう。

❶意識を呼吸に向け、空気の流れ、体の動きを感じる

鼻の穴から入ってくる空気の流れを感じます。空気が喉、気管を通って肺が広がり、お腹がゆっくり膨らむのを感じます。そのあとお腹が凹んで、空気が入ってきたときと同じルートを戻って鼻の穴を通って出ていくのを感じます。

❷呼吸の速さ、深さに気づく

初めのうちは呼吸が速い、浅いと感じるかもしれません。交感神経が優位な状態では自然とそうなります。呼吸瞑想が下手だとか、経験が浅いからとか、そういうわけではありません。

自律神経が安定している人というのは、必要に応じて呼吸の速さや深さなどを自動調整できる人です。緊張して危機的な状態なのに呼吸がゆっくりしているようでは、十分な酸素を全身に供給できないので、自分の体を守ることはできないでしょう。

呼吸が速いときには「呼吸が速い」と感じ、浅いときには「浅い」と感じる。そのことに気づくと、次第に呼吸はゆっくりと深く変化していきます。

❸体の感覚に気づく

初めに姿勢を整えてリラックスできる姿勢になったはずなのに、いつの間にか体はいろんな場所に力を入れてしまいます。例えば、まぶた。ぎゅっと目を閉じて力んでいるのに気づいたら、そっと緩めてみましょう。眉間の皺、奥歯の噛み締め、唇がへの字になっている、など、無意識な顔の力みがないでしょうか。あると思ったら力を抜きます。

肩、背中、腰、足などにも力みがあるときは、息を吐きながら緩めていきましょう。

❹考えごとに気づく

しばらくすると気がかりなことが頭に浮かび始め、あれこれと考えを巡らせたり、空想したりする状態になるかもしれません。ほとんどの方はそうなります。脳は考えごとがあれこれ浮かぶようにできているので、自然なことです。がっかりする必要は全くありません。

瞑想中に、呼吸から注意がそれている自分に気づいたなら、「考えごとをしていたな」と気づいて、そのことを受け止めてからそっと川に流すようにイメージしてみます。

呼吸瞑想では、頭を空っぽにしないといけないと思っている人もいますが、それは違います。

無になるために瞑想するのではありません。雑念のある自分に気づくことに大きな意味があるのです。呼吸だけに意識を向けよう、と意図をするから、「呼吸ではないことを考えていた自分」に気づくことができます。

呼吸瞑想に失敗や上手下手はありません。

静かに座る時間を持つこと、自分の意識がどこにあるかに気づくこと、そのことに意味があります。

気づけば気づくほど、マインドフルネスの力が高まっていくのです。

長い時間考えごとをしていても、呼吸からすぐに意識が逸れてしまっても、気づきさえすればいつでも自分の呼吸に戻ってくることができます。「あぁ、戻ってこれてよかった。今ここにある私の呼吸に」と思えば、ホッとして、幸せな気持ちになるでしょう。

「考えごとばっかりしちゃって、私はまだまだダメだ」と自分を責めなくてもいいのです。「気づいた私はえらい！」と褒めてあげましょう。

呼吸に意識を向け続けるためのアイデア3つ

①心と呼吸のイメージを作る

自分の心と、呼吸を何かのものに例えてみましょう。映像を思い描くと、意識はそこに向かいやすくなるからです。バラエティーや教育系などのテレビ番組では、大事な内容がイラストで表現されることが多いでしょう。

この方法では、映像を思い描いて、まぶたの裏にはっきりと描くことをお勧めします。次のページに3つの例をあげました。参考にしてみてください。

②呼吸を数える

息を吐くたびに、1、2、3と数えていく方法です。

座禅では数息観と言います。

お好みで、10を超えて数え続けても良いでしょう。いくつになったかわからなくなったら、また1に戻れば良いのです。

ずっと1だけ数えるという人もいます。1、1、1、と。

これを聞いたとき、私はなるほどそれは良い方法だと思いました。

例1　心—船、呼吸—船の錨

海に漂う船のように、心はあちこちに流されていきます。船から錨をどっしりと海底におろすように、呼吸に心をつなぎ止めて、流されないようにしましょう。

例2　心—蝶、呼吸—花

ひらひらといろんな花を飛び回る蝶のような心が、心という一つの花に止まって、静かに蜜を吸っている様子をイメージしてみましょう。

例3　心—宝石、呼吸—クッション

白いシルクのクッションの上に、美しい宝石が乗っているところをイメージします。心という宝石は不安定で、すぐにコロコロとクッションから落ちそうになります。呼吸というクッションを静かに下から支えるような気持ちで、宝石が落ちていかないように意識を向け続けます。

なぜなら、数えているうちに考えごとをして数字がわからなくなったら、思わず「やっちゃった！ いくつまで数えたんだっけ？」と、思考が始まることが多かったからです。

ずっと1なら、そんな気持ちは起こりようがありません。

③セルフナレーション

意識がどこに向かっているのかを実況中継するように、心の中でつぶやくことです。

言葉にすることで、何を意識しているのかがはっきりするので、意識がそれたことにもすぐに気づけるようになるからです。

例えばこんな感じです。

「お腹が膨らんでいる。凹んでいる。ひんやりした空気が鼻の穴から入ってくる。足が痛くなってきた。足の位置を少しずらした」

呼吸瞑想を楽しむ

これは、マインドフルネスをするときに必ず意識してもらいたいことです。瞑想をしていて、「楽しい！　幸せ！」と思えたら続けたくなります。瞑想は健康になるための辛い修行だなんて思っていると、続きません。

誰だって嫌なことはやりたくありません。私は皆さんに幸せで健康な人生を送ってほしくてこの本を書いているのに、毎日嫌なことをさせたくないのです。

そこで、呼吸瞑想を楽しむ方法を教えます。

これで、瞑想中の幸福度をグッとあげることができます。

やり方は簡単。息を吸いながら、心の中でこう呟くだけです。

「入ってくる息と一緒に、幸せが体を満たしていく！」

なんならもう一つ、息を吐きながら、こう呟きましょう。

「出ていく息と一緒に、余計な力が抜けて、楽になる！」

ベトナムの僧侶であったティク・ナット・ハンはこう言っています。

「喜びを感じるのは、心理的にも生理的にも健全な状態である証拠です。喜びを感じているときには、全身に血液がめぐり、活力がみなぎるのがわかります。喜びを感じると、集中はたやすくなります。それなしでは集中は難しいでしょう」

そうはいっても、嫌なことや気がかりなことがたくさんあって、息を吸ったくらいで幸せは感じられないという人もいるかもしれません。

それなら、小さな喜びと幸せを見つける練習をお勧めします。

今幸せでいられる理由を、３つ考えてみましょう。

例えば、目が見える、手が動く、ご飯を食べることができるなど、当たり前に感じているたくさんのことが、幸せの種だということに気づくのではないでしょうか？

そして、ティク・ナット・ハンは、こうも言っています。

「私たちは、不快さをなんとかして変えたいと思います。ブッダはそれを知って、（中略）喜びと幸福で自分を満たすようにと勧めたのです。これは、私たちに力を与えてくれる薬です。これによって初めて、もっとも根深い、心のいちばん奥の病の源を癒す取り組みを始められるのです」


呼吸瞑想は、頑張るものではなく、楽しむものです。だからこそ世界中で瞑想が静かなブームになっているのです。

１日１回の呼吸瞑想を、あなたも始めてみませんか？

呼吸瞑想のよくある質問

Q　瞑想する時間は、朝と夜のどちらが良いでしょうか？

A　どちらでも良いです。十分な睡眠をとって朝行うと、眠気が起こりにくいので、夜は疲れてすぐ眠くなる人は朝が良いでしょう。さらに、1日の始まりにセロトニンを高めておくと、日中は心が安定しその日の夜の睡眠の質も良くなるでしょう。夜型の人は、夜のほうが落ち着いた気持ちで取り組めますし、1日の終わりを穏やかに締めくくるのに役立つでしょう。朝と、夜の両方行うと、なお良いですね。

Q　1回の瞑想は何分くらいすれば良いですか？

A　何分しないと意味がない、ということはありません。1分でも、ひと呼吸でも良いのです。ただし、続けることが大切です。10時間瞑想をしても、1回しかしなかったら、せっかく脳に良い変化が起こっても、すぐまた元に戻ってしまうでしょう。もしも、脳のセロトニンを増やし、アルファー波を出現させてすっきりとした爽快感を味わいたいのであれば5分から20分くらいの瞑想を行うことをお勧めします。瞑想は筋トレのようなもので、一定時間を継続して行うと変化が起こりやすくなります。

Q　寝転んでやっても良いのでしょうか？

A　どんな姿勢であっても間違いではありません。呼吸に意識を向けること、ここさえ押さえておけば、あとは好きなように楽しみましょう。

しかし不思議なことに、初めは寝っ転がってやっていた人も、毎日続けるうちにいつの間にか床や椅子に座って姿勢よく瞑想するほうがいいと言い出すことがほとんどです。

呼吸瞑想によってセロトニン神経が活性化されると、セロトニンは体を起こす筋肉を収縮します。瞼を持ち上げる上眼瞼挙筋や、背骨を立てる脊柱起立筋などを動かすので、寝ているよりも起きていようと働くのです。

また、これでなければ私は落ち着かないという姿勢があるなら、いったんそのこだわりを手放し、いろんな姿勢で試してみるのもいいでしょう。

Q　目は閉じたほうがいいですか？　開けたほうがいいですか？

A　脳科学的には、開けたほうがいいです。理由は3つあります。

1つ目は、目を閉じて行うとゆっくりしたアルファー波が出現してしまい、その後眠気につながるからです。

2つ目は、脳をリラックスした覚醒状態にするからです。目を開けて行う場合、少し周期が短めのアルファー波が出現します。この脳波が出ているときは、考えるより感じる力が高まっています。目覚めているけれど、雑念が少なく、直感力が働いている状態になるのです。

3つ目は、目を開けて1点を見つめることで、意識が呼吸から離れたときに気づきやすいからです。

Q 呼吸に意識を向けると、呼吸の仕方がわからなくなって苦しくなります。どうしたらいいのでしょうか？

A 真面目な人ほど、こんな苦しさを感じたり、疑問が湧いてくるかもしれません。あるがままの呼吸を操作しないで観察する、と言われても、無意識から意識的な呼吸のモードになってしまったら、自分で呼吸筋を動かすしかないからです。

私も、瞑想を始めてしばらくの間、この矛盾に悩んでいました。

呼吸に意識を向けた時点で、無意識呼吸から意識的な呼吸のモードになっているのに、操作しないでと言われても、困ると思ったのです。

車が自動運転モードから手動運転モードになっているときに、ハンドルを動かさないで、と言われているような気がしました。

しかし、私はしばらくしてやっと理解できるようになりました。

意識的でありながらも操作しない呼吸とは、
・ただ、腹筋を縮めたり、緩めたりして呼吸をする
・「何秒吸おう、何秒吐こう」などと呼吸の細かい方法を考えない
・「呼吸が浅くてダメだな」などという評価はしない
・自分の呼吸を感じる
呼吸するときに頭でごちゃごちゃやり方を考えると、脳波のアルファー波が出なくなってしまいます。どんな呼吸をするかよりも、どんなふうに呼吸を感じるか、が大切なのです。


考える呼吸をすると、自律神経が整いません。

自律神経を心電図から解析する機械があります。それを使って、呼吸法の前後で自律神経の変化を調べていた時期がありました。

長く吐く呼吸法が副交感神経を安定させるという考え方が一般的なので、参加者の多くはそのことを意識して、長く吐いて、ゆっくりと呼吸をするように頑張るのです

が、そうした方に限って、交感神経が優位に出てしまいました。

これはどういうことだろうと思っていましたが、これもやっぱり「長い呼吸をしていい結果を出そう」と頭で考えていたからだったのだと思います。

ある参加者は「窓の外の緑を見てぼーっとしていました」と言っていました。

その人の副交感神経は非常に高く、リラックスしているという結果になっていました。

つまり、呼吸をするときにはジョン・カバットジン博士がいったマインドフルネスの定義「意図的に今この瞬間に意識を向け、判断や評価はしない」をそのまま当てはめれば良いのです。

歩く瞑想も、食べる瞑想も、同じことです。

基本的には、「腹筋を縮める」、「緩める」の繰り返しを行いながら、空気の流れや体の感覚を感じるようにしましょう。

日常に呼吸瞑想を取り入れる方法5つ

❶朝目が覚めたら3呼吸

目を覚ましたと同時に、今日の予定や昨日会ったことなど考えごとが始まってしまうことがあります。そうなる前に、ぱちっと目が覚めたら、その場で呼吸を3回意識！ 他の誰かのことよりも、仕事のことよりも、まずあなた自身をケアすることから始めると、いい気分で1日が始まります。

❷呼吸に合わせて動作を行う

単純な動作を行うときに、息を吸いながら…吐きながら…と心でつぶやきながら行います。そうすると、動作がゆっくりと丁寧になり､心が穏やかになります。

例）息を吸いながら、コップを持ち上げる。息を吐きながら、食器棚に片付ける。
息を吸いながら、椅子から立ち上がる。息を吐きながら、体の向きを変える。

❸スマホを見る前に深呼吸

1件のメールを見るためにスマホを開いたはずだったのに、気づいたら20分以上スマホを見続けていた、なんて話をよく聞きます。そんなときは、見たいと思ったときにすぐスマホを見るのではなくて、1回深呼吸して心を落ち着けてから画面を見ることをお勧めします。スマホを見続けているとき、脳ではドーパミンの分泌が高まっています。ドーパミンはやる気を出すと同時に自分をコントロールする力を失わせることもありますので、呼吸瞑想で自制力を高めましょう。

❹待ち時間に呼吸瞑想

電車の待ち時間、スーパーマーケットのレジ待ち、病院の診察待ちの時間などを利用して、呼吸に意識を向けてみましょう。

イライラする気持ちが和らいで、脳も活性化するので一石二鳥です。

❺食べる前にひと呼吸

食事を反応的に食べるとき、自律神経は交感神経が高まっています。この状態で食べると消化が悪く、味や体の感覚に鈍感になっていて無意識に食べすぎる危険性があります。食べ物を口に入れる前にちょっと動きを止めて、ゆっくり息を吐いて、吸いましょう。1日3食で行えば、毎日3回呼吸瞑想を実践できます。

3　ボディースキャン

体の感覚に意識を向ける瞑想です。

ＣＴスキャンで体を調べるかのように、自分の意識で体をスキャンしていく方法です。

意識を向けた部分に力が入っているのに気づいたら、緩めてあげましょう。余計な力を抜いて、体と心をリラックスさせることができ、体の表面や内部の感覚が研ぎ澄まされます。

私たちは思っているよりも体の感覚に鈍感なものです。しかし感覚は鍛えることができます。

ボディースキャンを実践してみよう

❶横たわる

10分くらいの時間を確保して、10分のタイマーをセットします。

そして静かで邪魔が入らないところで、横たわります。ベッドでもいいですが、眠ってしまいそうな場合は床にヨガマットを敷いたり、畳の上など、少し硬めの場所にするといいでしょう。

❷スキャンする

目を閉じて、数回呼吸に意識を向けて心を静かにします。

そして、左足の親指に意識を向けましょう。

次に人差し指、中指、とそれぞれの指に意識を向けていきます。そして土踏まず、踵、足首へと意識するところを上げていきます。吸った息が口から左の足先へと流れていくようにイメージしてみましょう。

そして、ゆっくりと上の方へと空気が戻ってくるように、それぞれの足の部位に意識を向けてみましょう。

ふくらはぎ、すね、膝、太もも…。骨盤までできたら、今度は右の親指に意識を移動させます。左足と同じように意識を爪先から骨盤に向かってゆっくりと移動させていきます。

次に、おへその少し下のあたりに意識を向けて、呼吸とともにお腹が上がったり下がったりするのを感じてみましょう。

そして、腰が床に当たっているところを感じましょう。そのまま少し上の方に意識を上げて、背中が床に当たっているところを感じます。

次に、体の中にある肺や心臓に意識を向けて、肩に意識を向けます。

そして、両手の先に意識を向けます。

そこから、手のひら、前腕、上腕、肩、首、喉へと意識するところを上げていき、顔の口、鼻、目、耳、そして頭のてっぺんを意識します。

イメージしてみましょう。頭のてっぺんにぽっかりと穴があき、息を吸うとそこからエネルギーが体に入ってくるように。そしてそのエネルギーは両足の先から抜けていきます。それから息を吐くときは、また両足先から入ってきて頭のてっぺんの穴から抜けていくように。

このまましばらく、このやり方で呼吸を続けましょう。

しばらくすると、体が床やマットに沈んでいくように感じるかもしれません。呼吸の流れや体の感覚を、ただ感じましょう。

タイマーが鳴ったら、指先を少し動かしてから、体を丸めて、ゆっくりと目を開けて起き上がりましょう。

終わったとき、始める前と比べて体の感覚がどのように変化したかにも気づいてみましょう。

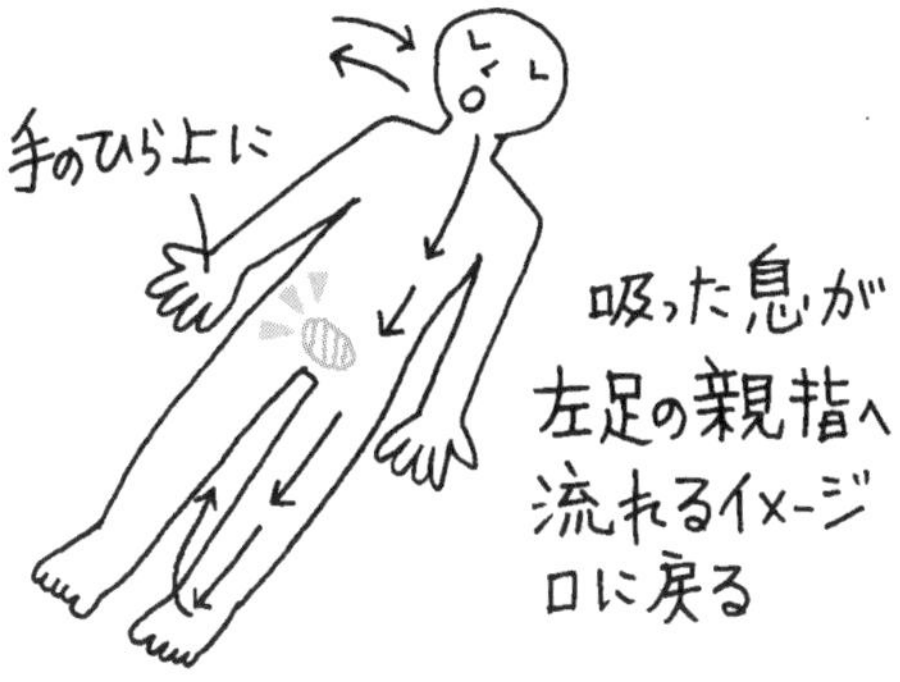

4　歩く瞑想

少し歩く場所さえあれば、歩く瞑想ができます。

家の中で歩いてももちろんOKですが、可能であればできるだけ外を歩きましょう。

空の下を歩くと、もんもんとした考えごとから解放されて、心が晴れ渡っていきます。

家の中でじっとしていると、同じ考えをぐるぐると考え続けることがありますが、外に出て空を見たり、風を感じたり、いろんな聞こえてくる音に気づいたりしながら体を動かすことによって、脳はさまざまな刺激を受け取るというモードになります。考えるモードから感じるモードになるのです。

脳が活性化してアイデアが湧きやすくなり、気持ちは前向きになります。

ストレスを軽減するのにこれほどいい方法はありません。そして、筋肉や骨、心臓や肺にも良く、健康状態を良くしてくれます。

歩く瞑想を実践してみよう

❶歩き出す前に

両足を肩幅くらいに広げて立ちましょう。

膝を軽く曲げて、おへその2、3センチ下のあたり（丹田）を意識して、体の重心が真ん中にくるように、安定させましょう。

骨盤に意識を向けます。

骨盤をお鍋だと思ってみましょう。

お鍋を前に傾けたり、後ろに傾けたりしてみると、背中の筋肉が縮んだり、下腹部の筋肉が縮むのがわかるでしょう。

水が入ったお鍋を水平に保つような気持ちで、骨盤を安定させてどっしりと立ちましょう。

両手を頭の後ろに当てて、背中を少しそらせて空を見上げてみましょう。

今日はどんなお天気でしょうか。空の青い色は心を落ち着けてくれます。曇りや雨でも、その上に青空が広がっています。あなたの心は青空です。

分厚い雲でおおわれて、青空が見えないとしても、澄み切ったあなたの心はちゃんといつでも雲の上にあることを感じてみましょう。

丹田
を意識
ひざを
軽く曲げる
背筋
伸びる
腹筋
縮む
鍋
(骨盤)
腹筋
伸びる
背筋
縮む
水平
安定させ
どっしりと
立つ
歩く

❷歩き出す

両腕を体の横に下ろし、視線は下ではなく、少し遠くの前を見ます。丹田を意識しながら、お鍋から水をこぼさないようなつもりで骨盤を水平に保ち、そっと右足を前に出しましょう。そのまま、体の姿勢を保ちながら、ゆっくりと歩いていきます。足が持ち上がっている感覚、かかとが地面にあたる感覚、足を後ろに蹴り出すときのお尻の筋肉の縮みなど、さまざまな感覚に気づきましょう。

やり方や感じ方に正解も間違いもありません。大切なのは、楽しむこと！いつもの歩き方とは違う感覚や気づきを楽しみながらやってみてください。

❸思いに気づく

歩くとインスピレーションが生まれやすくなります。

つまり、アイデアや考えが浮かんで、歩くことから意識が離れてしまうことがあるかもしれません。もし、意識が歩くことから離れているのに気づいたら、「こんな考えがあるんだな」と受け止めてから、姿勢を整えて、意識を歩行に戻しましょう。

どこかに行く途中に実践してもいいですが、何かをするという目的を持たずに「歩くために歩く」と、意識を歩くことに集中させやすくなります。そして、歩くルートは決めておいたほうが、どっちに行くべきかと考えないですみます。

5　書く瞑想

書く瞑想とは、思っていることを紙に書き出すことです。

これは、考えをまとめて明確にすることができるので、人に悩みを打ち明けるのと同じようなストレス軽減効果があります。

人の反応を気にしないという点や、時間を気にしないという点から、書く瞑想をご紹介します。

早朝でも深夜でも仕事中でも、紙は私たちの思いを受け止めてくれます。

書き出す内容は何でもかまいません。

気になっていることや、ストレスに感じていることを書き出してしまうと、書くだけでスッキリしてしまうかもしれません。

もしくは、考えても仕方のないことを何度も考えていたのだと我に返るかもしれません。

もしくは、書いているうちに「こうすれば解決するかも！」とアイデアが湧いてくることもあります。
今どんな気持ちなのかを文字にしてみることは、自分がどうなりたいのかという望みを明確にするのにも役立ちます。

この本を読んでいるあなたは、健康への意識が高い方だと思います。
ところでなぜあなたは健康でいたいのでしょうか？
「なぜ、健康になりたいのか」について改めて書いてみるものいいでしょう。
・次の健康診断で医師に嫌味を言われたくないから？
・高齢になっても元気に旅行したいから？
・いつまでも若々しくきれいでいたいから？
・死ぬまで好きな仕事を続けたいから？
書きながら気持ちを深掘りしていくと、自分の本音に気づきます。気持ちを深掘りすることは、自分の心に寄り添うことです。

書く瞑想を実践してみよう

【準備するもの】

紙、ペン、タイマー。

専用ノートを用意して、書く習慣をつけるのもいいですし、気軽にその辺にあるいらない紙の裏に書いてもいいでしょう。何でもいいので、まず書いてみることをお勧めします。

【書く瞑想のやり方】

書くテーマを決めます。

タイマーを2分にセットします。長いほうがよければお好みで変更してください。

タイマーをスタートさせ、音が鳴るまでテーマに沿って書きます。

このとき、手を止めないで動かし続けることが大切です。

手を動かすことで大脳の感覚野が活性化します。感覚野の中でも手の領域は非常に広いので、血流が増え、脳神経の活動も活性化します。

すると、ペンを握っているときに比べて言葉が浮かびやすくなるため、自分でもきづかなかった思いを発見しやすくなります。

6　家事の瞑想

毎日の暮らしの中では「面倒でもやらないといけないこと」がたくさんありますね。そうした日々のルーチンを瞑想にしてしまうという方法です。

皿洗い、掃除、洗濯、片付けなどいろいろな家事がありますが、ここでは皿洗いを例にご説明しましょう。

家事の瞑想を実践してみよう

❶始める前に

今から皿洗いをマインドフルに行うのだと、決めてください。その行動が終わるまでは瞑想タイムです。立ったまま、目の前にある使い終わった食器を眺めてから、少し目を閉じて、2、3回呼吸を意識します。

終わったときにどんな気分になっているかをイメージしましょう。きれいに片付いたキッチンを見て清々しい気持ちになっているかもしれません。スッキリして嬉しい感情を味わいましょう。

❷ゆっくり手を動かす

息を吸いながら、そして吐きながら、呼吸を感じながらゆっくりと一つ一つの動作を行います。水道の水を出す、お皿の汚れを落とす、などを丁寧に行いましょう。手の感覚を研ぎ澄まし、水の流れや温度を感じたり、水やお皿、キッチンの様子が変化していく様子も楽しみながら観察しましょう。

❸物に感謝する

食器を手に取ったとき、その食器に対してありがとうと呟くと、より一層丁寧で幸せな食器洗いの時間になります。感謝とマインドフルネスほど幸福感を高めてくれるものはありません。次にやるべきことや、さっきあったことなどを思い出して、意識が食器洗いから離れているのに気づいたら、そのことを受け止めてからそっと手放し、また食器洗いに意識を戻します。

終わったときには、終わったという喜びを味わいましょう。一つの仕事が片付いて、しかも脳はスッキリとしているはずです。

7　聞く瞑想

人の話を聞くことは意外と難しいです。つい自分のことを割り込んで話してしまったり、他のことで頭がいっぱいなのに、ふんふんと聞いているふりをしたりします。

上手な聞き方というのは、すぐにはできるようにならないかもしれませんが、相手の気持ちを理解しようとするだけで、グッと聞き方が上手になり、対人関係が良くなります。

ストレスのほとんどは対人関係からきています。ストレスが健康を害します。

ということは、対人関係を改善すれば、ストレスが軽くなって健康的になれるということです。

好きな人でも苦手な人でも、話をマインドフルに聞くことで、あなた自身の心と体が健康に近づきます。

聞く瞑想を実践してみよう

❶相手の言葉ではなく、心を感じる

人の話を聞くときは、言葉を文字で一言一句理解する必要はありません。話している人に憑依したつもりで心を感じてみましょう。

次に何を言おうかなんて、考えないことです。

考えごとをしている間、相手の話を本当に聞いてはいません。気持ちを理解するどころか、聞き逃してしまうこともあります。話を聞き終わってから話すことを考えてもいいのです。

会話はキャッチボールによく例えられますが、間髪入れずに投げ返すことばかり考えていたら、ボールを受け取り損なってしまいます。

相手はボールを投げ返してもらうために話しているわけではありません。受け取ってほしいのです。

わからない言葉があったら、「それってどういうこと？」と聞いてみます。わかったふりが相手への理解をストップさせてしまいます。

❷聞く態度

聞くとき、体は相手の方に向けましょう。

横を向いたり後ろを向いている人に話しかけるのはとても苦痛なことです。相手が投げたボールはあなたではないどこかに転がっていき、もう投げる気力を失うでしょう。

話を聞く姿勢はキャッチャーのように受け止める姿勢で。
投げることばかり考えていたら、受け取れない。

❸心のつぶやきに気づく

他愛のない話題でも、「私はこう思う」「私ならこうする」「私も似たような体験があったから話したい」など、心のつぶやきが頭に浮かんで来たら、それに気づいていったん脇に置いておきます。

とりあえずそのことは忘れて、相手の気持ちになることに戻りましょう。話の横取りは、不快感を与えます。最後まで言いたいことを話せなかったら、相手はモヤモヤするでしょう。

アドバイスも不要です。相手が「アドバイスちょうだい！」と言ってこない限り、相手があなたに指示してもらいたいと思っている確率は極めて低いでしょう。

相手が悩みを打ち明けてきたとき、多くの方がどうアドバイスしようかと考えながら話を聞いています。

「だって相手が困っているから、アドバイスしないと…」と思うかもしれませんが、本当は違います。

相手の悩みごとを聞いて困っているのは、あなたなのです。あなたは平和に暮らしていたのに、相手の悩みという問題があなたに乗っかってきたのです。だから、あなたはその問題を早く片付けたいと思います。そして、「こうすれば？　ああすれば？」

と解決を急がせた結果、「あなたの意見なんて求めてなかったのに、的外れなことを言われてイラッとした」なんてことになりかねません。

また、自分と全く違う意見を聞くとき、「否定したい」「訂正したい」「私の意見をわかってほしい」などの気持ちが湧いてくるかもしれません。そんな気持ちを押し殺す必要はありません。

ただ、相手が話し終わるのを待つことはできると思います。最後まで聞くことは相手に屈することではありません。

気持ちが揺さぶられて冷静に話せないようなときには、「また今度話しましょう」と時間をおいて、違う日に話をするとこちらの話を伝えやすくなるでしょう。そして、伝えるときには納得させようと頑張らないのがポイントです。自分だってなかなか自分を変えられないのですから、相手の考えを変えるなんて、できないと思ったほうが賢明です。できないことを頑張っても、ストレスがたまるだけで、不健康のもとです。

意見が異なる場合は、聞くことと、意見を伝えることとは、分けて考えましょう。「マインドフルに聞く→違う考えだなと気づく→こちらの意見を伝える→納得させようと頑張らない」ことが重要なのです。

8　自然を感じる瞑想

私は2018年から毎年「マインドフル森林セラピーツアー」を行っています。

宮崎県日之影町の美しい渓谷を眺めながら、みんなで森を歩くのですが、五感を意識してマインドフルに歩くことで、より心と体がリフレッシュすると、多くの方から嬉しい感想をいただいています。

山の森林に行けば最高の体験ができますが、家の周りの自然を使ってもそれに近い体験ができます。

自然環境は健康と深い関係があります。

オフィスでも住環境でも、自然環境に近づくほどストレスレベルが下がって、健康状態は良くなります。

自然を感じる瞑想を実践してみよう

❶五感を使って自然を感じる

公園や庭、街路樹のある道路などに行きましょう。
10分ほど時間を確保して、この時間は自然を感じるのだと決めます。
ゆっくりと歩きながら、以下のことに意識を向けていきましょう。

・匂い―家や職場など建物の中とは違う匂いを見つけて感じましょう。
・音―鳥の声、木の葉が揺れる音など、聞こえてくる音を感じたら、何の音なのかつぶやいてみましょう。
・体の感覚―風、日差しの暖かさ、呼吸など、体で何を感じているのかも言葉にしてみましょう。
・色―青、緑、茶色など、目に入ってくる色を言葉にします。
・物―空、草、石など、見えるものを言葉にします。

❷今の自分の気持ちを感じる

最後に、今の気持ちも感じてみましょう。

考えごとをしたり、音楽を聴いたりしながら歩くのとは全く違う、自然を感じるための歩き方です。

身近にある自然を存分に活用して、健康に活かしましょう。

巻末でご紹介している著者の公式ＬＩＮＥでお友達になっていただくと、読者特典として「Dr. あきこによる自然を感じる瞑想の音声ガイド」をプレゼントします。

自然を感じる瞑想が楽しいと感じたら、ぜひ森林セラピーに参加してみましょう。

全国各地に森林セラピー基地があり、癒しの効果や病気の予防効果が科学的に検証されたうえで認定されています。

森林セラピー認定の森は、森林セラピーソサエティのホームページで確認できます。（森林セラピーソサエティ https://www.fo-society.jp/quarter/）

9　慈悲の瞑想

自分や他の誰かに、思いやりの気持ちをはぐくむ瞑想です。

自分の体に思いやりを持って癒してあげることで初めて、本当に健康になれる道を選ぶようになります。

「こんなにストレスがあるんだから、大好きなビールで自分を癒してあげよう」と思うことがあるかもしれませんが、これは本当の思いやりではありません。飲酒によって睡眠の質が落ち、肝臓に負担をかけ、脳の働きも悪くするのに、それが癒しのプレゼントになるのでしょうか?

心が安定すると本当に自分への思いやりの気持ちが高まります。そして、他の人にも思いやりの気持ちが湧いてくるのです。

自分が幸せでなければ、人を幸せにすることはできません。だから、この瞑想ではまず自分の幸せを願い、それから周りの人やものへの幸せを願っていきます。

私のセミナーでは、よく最後にこの瞑想を行います。

自分や他人への愛情やいたわりの気持ちが高まり、涙があふれて止まらなくなる人もいます。

同時に、他人に抱いていた嫌な気持ちがいつの間にか消えて、心が軽くなります。

慈悲の瞑想を実践してみよう

❶呼吸瞑想と同じように姿勢を整えて、数回、呼吸に意識を向けます。
❷心の中で、自分に対してこうつぶやきます。
「私が、苦しみや憎しみから自由になれますように」
「私が、喜びと幸せを感じられますように」
❸心の中で、大切な人を思い浮かべて、こうつぶやきます。
「あの人が、苦しみや憎しみから自由になれますように」
「あの人が、喜びと幸せを感じられますように」
❹心の中で、嫌いな人、苦手な人を思い浮かべて、こうつぶやきます。
「あの人が、苦しみや憎しみから自由になれますように」
「あの人が、喜びと幸せを感じられますように」
❺心の中で、世界中で飢えや恐怖にさらされている人、生きる気力をなくしている

人、悩んでいる人、愛情を必要としている人などを思い浮かべて、こうつぶやきます。

「世界中の人が、苦しみや憎しみから自由になれますように」

「世界中の人が、喜びと幸せを感じられますように」

❻心の中で、地球上の動物や植物などあらゆる存在、そして地球全体を思い浮かべてこうつぶやきます。

「この地球上のすべてのものが、幸せになりますように」

❼自分の体と呼吸に意識を向け、自分と他人と、地球のあらゆるものへの思いやりの気持ちで、体を満たしていきます。

この瞑想の言葉を聞いて、宗教的なイメージから抵抗を抱く人もいます。今までに数回、企業のセミナーでこの瞑想をしないでほしいと言われたことがあります。人の幸せを願うことを怪しく感じる、もしくは願いたくないことがあるのだと知りました。宗教活動全般に対する差別、批判や、怪しいと思われたくないという、恐れや見栄もあるかもしれません。それも人の弱さです。

本当にあなたが自分や他人の幸せを願うことができたら、あなた自身の心が和らいで体が楽になるのを感じることでしょう。

第4章

さらに効果を上げるための方法
――サイドメニュー

1　サウナ

高温のサウナに入っているとき、普段感じないような体の感覚を味わいます。

熱い、皮膚がピリピリする、汗が出ている、などの感覚を体のどこでどんなふうに感じているのかわかります。

それはまさにマインドフルネスです。


サウナはデトックスにもなります。

ヒ素、鉛、水銀、カドミウム、ビスフェノールA、フタル酸エステルなどは、発汗によって体外に排出されやすい毒素です。

さらに、冷水浴もぜひ行ってほしいと思います。

熱さとは違う感覚の変化を、興味を持って観察してほしいのです。

冷たさを感じる体の部分、冷たさに慣れていく感覚などを細かく観察してみましょう。

冷水の中で静かに呼吸をしていると、温かいとすら感じるかもしれません。吐く息がひんやりとするくらいになると、頭がスッキリとし、言いようのない幸福感に包まれます。

冷水浴にはドーパミンやエンドルフィンなどを分泌する効果があり、ストレス軽減効果が強いのです。

高温と冷温を交互に体感することで体の自律神経の反応が鍛えられますので、睡眠の質も改善します。

サウナ大国のフィンランドでは、「サウナに入れば睡眠薬はいらない」といわれるくらいです。

2　映画

《笑える映画》

笑うと免疫機能が活性化されます。

自律神経の交感神経と副交感神経の活動レベルが頻繁に変わるため、臓器や脳に刺激が伝わるためと考えられています。

また、声を出して笑うと、ストレスホルモンであるコルチゾールの血中濃度が少なくなり、さらにストレスが軽減されます。

そうは言っても、ストレスを強く感じているときや、体調が悪いときは笑えないでしょう。

普段からイライラすることが多い人ほど、声を出して笑えるようなことを探してみましょう。

その一つのアイデアがコメディ映画です。

映画の主人公になりきってどっぷりと感情移入することで、心から笑うことができ、自然治癒力が高まります。お腹が痛くなるほど笑っちゃう映画を探して鑑賞してみましょう。

映画を見る暇がない、というときはテレビや漫画、YouTubeなどでもいいでしょう。それよりもさらに短時間でできる笑いがあります。

それは、目尻を下げて口角を上げること。笑った顔を作るだけで、ドーパミンが増えてストレスを軽減させる効果があります。

イラッとしたら、ニッコリ笑ってみましょう。

《泣ける映画》

泣くことは、絶大なストレス軽減効果があります。

泣きたいけど涙をこらえているとき、感情が揺さぶられているのにそれを周りに見せないように隠そうとしています。それは、安心していない証拠です。

どんな感情であっても表に出しても大丈夫だと感じると、心の壁が取り払われて涙があふれ出てきます。

涙があふれるとき、副交感神経の活動が急激に高まります。

ストレスを感じている状態では交感神経が活発になっているので、副交感神経の活動が高まることによって一気にストレスから解放されてスッキリとした感覚になります。

毎日の仕事で緊張しっぱなしの人、イライラすることが多い人、睡眠障害がある人は交感神経の活動が高い傾向があるので、登場人物に共感して涙があふれるような映画を見るのがお勧めです。

映画を見て泣いた後は、少し静かに、自分の気持ちを振り返ってみるといいでしょう。

そのストーリーのどんなところに心が動いたのか、どう感じたのかを振り返ってみると、「私はこういうことに共感するんだな」「主人公と違って、私はこう考える」など自分の感情や思考について客観視できます。

自分の心を観察するマインドフルネスです。

3　ゴミ拾い

私はここ数年、ゴミ拾いにハマっています。こんなに楽しいことがあるなんて、なんで今まで気づかなかったのだろうと思っています。

公園でビールの空き缶を見つけたら、夜一人でビールを飲んでいる人を想像し、「何か辛いことがあったんだろうか？」と考え、お菓子の空袋が落ちていたら、「私もうっかり空袋を落とすことがあるかもしれない、気をつけよう」と自分を振り返ったりします。

落とした人を責めるのではなく、落とした人の気持ちになって考えると、一緒の社会で暮らしている仲間とのつながりが感じられます。

親切や奉仕という行動は幸福感を高めてくれる活動です。たとえ、地域の活動で仕方なく参加したとしても、やってみて嫌な気持ちにはならないでしょう。どちらかといえば、すっきり爽やかな気分ではありませんか？

一人で行うゴミ拾いもお勧めです。

そこには、はっきりとした主体性がありま す。つまり、自分が心から環境をきれいにして、地域や地球に貢献したいという、純粋なあなたの意思があるのです。義務感や、やらされ感のある地域活動よりも奉仕の心が強く働いているので、その分あなたの中でオキシトシンが多く分泌されているはずです。

いいことをしているという自尊心や自己効力感も高まっているでしょう。

朝の散歩に、トングやマジックハンドとゴミ袋を持って出かければ、健康づくりと奉仕活動が一度にできちゃいます。

4　神社・お寺に行く

神社やお寺がある場所は、神聖な感じがしますね。古くから多くの人がその場所をよりどころにして、神様や仏様に祈りを捧げてきました。

自分自身や大切な人の幸せを願って祈りを捧げるのは、まさに純粋な思いやりです。そんな多くの人の思いやりが詰まった場所なので、清らかなのです。そして、数百年前に建てられたような建造物を訪ねると、時空を超えたつながりも感じられます。

人によっては、この場所はとても惹きつけられるとか、苦手な空気が流れているとか、感じるものがあるようです。私は霊感のようなものが全くないので、「ここ、すごい」とか「ここ、不気味」とか感じることはありませんが、科学では説明のつかない霊感や直感を研ぎ澄まして感じてみるのもマインドフルネスだと思います。

医学の世界では、科学的な根拠のないものを軽視したりバカにしたりする傾向がありますが、説明のつかないことに好奇心を持つことこそが、想像力を豊かにして新しい世界への扉を開くきっかけになります。

5　ケトン食

私たち現代人は、エネルギーの多くを糖質から摂ります。ご飯、パン、麺類などが主食なのはそのせいです。

一方、原始時代の人間たちは草食動物を獲って食べたり、魚や虫、木の根などを食べていました。原始時代の人たちが食べていたのは肉と魚が多かったので、タンパク質と脂質が栄養のほとんどを占めていました。

人間は260万年ほど前からそのような食生活を続けてきました。農耕が始まったのはつい1万2000年ほど前なので、体の臓器は糖質以外のものを食べてもちゃんとエネルギーを作って生きていけるようになっています。

エネルギー源を糖質に頼りすぎていると、余ったエネルギーが脂肪になって糖尿病や中性脂肪を増やして生活習慣病になります。現代人の病気は糖質の摂りすぎから来ているのです。

ただし、糖質制限をしなさいと言っているわけではありません。

糖質以外のエネルギーを使う食事法があるよ、とお伝えしたいのです。そのエネルギーがケトン体です。ケトン体は脂肪とタンパク質を原材料に作られ、脳や筋肉などのエネルギーとして使われます。

ケトン体を体で作り出せるようになったら、糖質は1日10グラム未満でも生活できるようになります。

私たちはお腹が空いたときや、寝ているときなど長い時間糖質が入ってこない時間が続いたら、脂肪からケトン体を作ってエネルギーに変えています。

ケトン体を多く体内で作り出す栄養の摂り方を、ケトン食と言います。

ケトン食は100年以上前から米国ではてんかん治療に使われています。他にも、がん、糖尿病、脂肪肝、抗炎症効果、体内時計の調整、認知症、パーキンソン病、片頭痛などにも効果があります。

ケトン食は糖質制限とは違います。

糖質は控えめにするのが前提ですが、脂質を多く食べないと、ケトン体は作られません。

重量で考えると、脂質が75％、タンパク質が20％、糖質が5％くらいの食事です。

かなり脂の多い食事になり、現代の一般的な日本人の食生活と比べるとギャップ

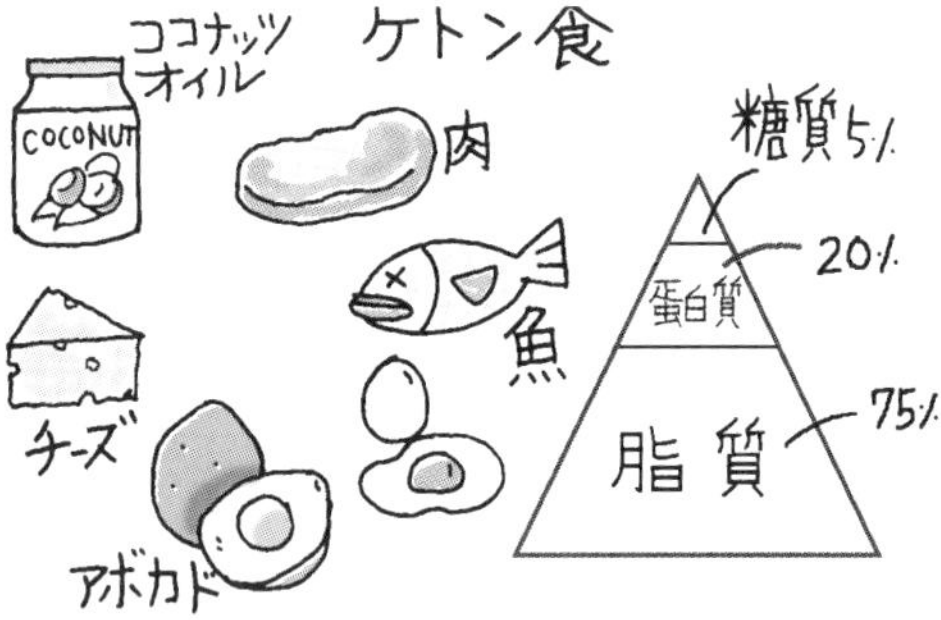

が大きいと思いますが、少しずつ脂質の量を増やしてチャレンジしてみると、体調の変化に驚かれることと思います。

具体的には、肉、魚、卵、アボカド、チーズ、ココナッツオイルなど、脂質の多い食材を多く取り入れて、野菜や海藻、豆なども摂取しつつ、糖質を全体のカロリーの5%に抑えるように栄養を考えて食べます。

それだけでは油が足りないので、コーヒーやスープにココナッツオイルやバターを入れたり、オムレツにもオイルを混ぜたりして増やします。

しっかりとケトン食療法を行う場合、脂質75%、蛋白質20%、糖質5%という配分になります。

この割合で計算すると、1日の総摂取カロリーが2000キロカロリーなら、脂質1500キロカロリー（167g）、蛋白質400キロカロリー（100g）、糖質100キロカロリー（25g）となります。

初めは、脂質の割合を50％くらいにしてみると、チャレンジしやすいと思います。

私たちの多くは、糖質はエネルギーでしっかり食べるように教育されてきました。そして油は悪者だというイメージを持っている人が多いようです。

この思い込みを外し、ケトン体という物質を利用した食事法を試してみてください。

疲れにくくなり、血糖やコレステロールの値が下がり、体重が減って、肌がきれいになるなど、嬉しい効果を実感できるはずです。

いつもと違う食事をし、体調の変化を感じるマインドフルネスです。

6　ファスティング

ファスティングとは断食のことです。

単に食べる量を減らしてやせるという目的で行うものではありません。食べない時間を作るということにメリットがあります。

間欠的ファスティングでは、1日の中で食べる時間を6～12時間などに制限して、その他の時間はまとまって絶食時間とします。そのようなファスティングを行うと、体内時計を調整できます。

間欠的ファスティング

人間のすべての臓器は体内時計の指令を受けて活動を調整しています。朝になったら腸が動いて便を排出しようとしますし、夜になったら肝臓はお休みして栄養を蓄えようとします。太陽の動きに合わせて、私たちの体も動いているのです。

それなのに私たちは夜遅くまで電気をつけて起きていて、寝る直前まで食べたり飲んだりしています。そんなことをしていると臓器はいつ休んでいつ活動していいかわからず、不具合を起こしやすくなるのです。

夜は早めに食事を終わらせて、朝まで食べない時間を作るようにすると、食べない時間を体が夜だと認識するので、太陽のリズムと臓器のリズムが一致します。

さらに、12時間以上絶食にすると、体のグリコーゲンが減ってくるので、脂質をエネルギーに変えようとし始めます。16時間以上絶食すると、オートファジーという古くなったタンパク質を自分の細胞で食べて修復する、細胞の若返りが起こり始めます。

ファスティングの間は断食なので何も食べないのが原則ですが、細胞の修復作用をするためにはタンパク質と糖質を食べないことが最も重要です。逆に、脂質はケトン体を増やして若返り機能を高めてくれますし、食欲を抑えてくれます。長時間のファスティングではスープやお茶にココナッツオイルやバターを入れて飲むと空腹が抑えられます。

注意が必要なのは、水分摂取を忘れないようにすることです。

食事に入っている水分が入ってこないので、いつもより多めにお水を飲みましょう。塩分が足りずに低血圧になることもあります。スープに塩を入れたりして、塩分摂取も行いましょう。

慣れないうちは頭痛や体のだるさを感じることもあります。初めてのチャレンジでは絶食時間を12時間くらいから始めるのが良いでしょう。

ファスティングでは、空腹を感じます。

このお腹が空いたという感覚が起こっているときに、体は若返りの反応を起こしています。

空腹を悪いものと思うのではなく、「今いい反応が起こっている！」と喜びの気持ちで感じてみるのもいいでしょう。

毎日無意識に何かを食べ続けていると、空腹感を観察することはありません。食べないと決めて過ごすからこそ気づく体の反応や、心で湧き起こる「食べたい」という渇望を感じることができます。

感覚や想いに静かに気づくことができるファスティングも、気づきを高めてマインドフルになれる方法なのです。

7　フリースタイルリブレ

血糖値を測定する機械です。

腕にセンサーを貼り付けて生活し、スマホのアプリで読み取るだけで、瞬時にそのときの血糖値がわかります。

何を食べたら血糖がどのくらい上がるのかがわかり、空腹や体調が悪いときに低血糖かどうかを確認することもできます。

これを使うと、自分の感覚と血糖値の関係がわかります。

体の感覚を研ぎ澄ますのがマインドフルネスだと書いてきましたが、すべて感覚でわかるわけではありません。自分の内なる感覚と、データでみる外からの評価を組み合わせることで、より正確に評価できるようになるのです。

フリースタイルリブレのセンサーはアマゾンなどで購入することができ、一つ7000円前後です。

センサーは、上腕の外側に貼り付けたままで2週間使用できます。

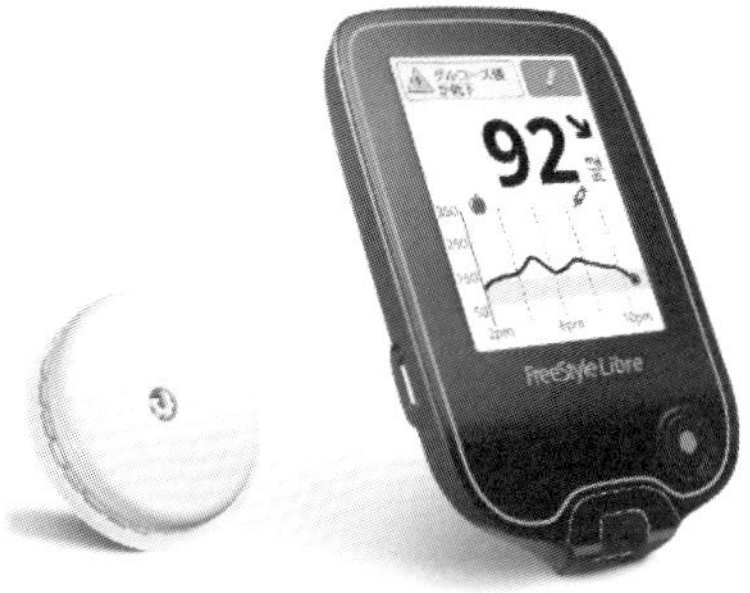

使い続けるのか一時的に使ってみるのかは、目的によって使い分けるといいでしょう。
糖尿病のお薬を飲んでいる方、疲れやすい方などにお勧めします。
ケトン食やファスティングを行うときに、低血糖が起こっていないか確認したり、糖質を摂りすぎていないかの指標にしたりする場合は、単発で使ってみると良いのではないでしょうか。

8　美姿勢ウォーキング

姿勢によって脳ホルモンの分泌が変わります。

体を大きく広げるようなポーズは、コルチゾールの分泌を減らしてストレスを軽減します。さらに、テストステロンの分泌は増え、自信が湧いて気持ちが前向きになります。

ですから、普段から猫背にならず胸を張って、顔は上を向いて過ごしたほうがメンタルヘルスに良いのです。

そうは言っても、いつも姿勢を意識し続けるのは難しいと思います。そこで、ウォーキングの間は背筋を伸ばして美しい歩き方にすることをお勧めします。

美しい歩き方をすると、ストレスが軽くなるだけでなく、大きな筋肉が鍛えられますので、筋トレ効果も高まります。そして、姿勢を整えると背が高くなり、見た目が美しくなります。

私のお勧めする美姿勢ウォーキングのやり方はこうです。

①まず両足を揃えて立ち、両手を前に伸ばします。

②肘を肩と同じ高さのままで水平に引いて曲げます。

③そのまま腕を体の横に下ろします。

④遠くに視線を置いて、軽く顎を引き、軽く口角を上げます。

⑤つま先をまっすぐ前に伸ばすように歩き出します。膝の内側同士が軽く当たりそうなイメージで、後ろに足を蹴り出しましょう。

⑥腕を振るときは後ろ斜め45度に引くようにします。前に手を振るときは肘が体より前に出ないようにします。肘から下は少し前に出ても大丈夫です。指は中指をスッと伸ばすようにすると腕が長く見えてきれいです。

9　スマートウォッチ

マインドフルネスは内なる気づきですが、外からの気づきがあるとさらに自分の状態がわかります。

なんとなく「今日は運動不足だな」と思っているのと、「今日は1000歩しか歩いてないな」というのでは、気づきの精度が違います。

スマートウォッチがあれば、毎日の活動量、睡眠の時間や質、心拍などが測定でき、毎日の生活習慣を可視化することができます。機種によっては、マインドフルネスの補助ツールや、心拍変動によるストレス分析、酸素飽和度などもわかります。

私もスマートウォッチにはよく助けられています。外出して疲れたからよく運動した気分になっていたら、実は車の運転ばかりで普段より歩いていなかった！ということもあります。

睡眠に関してもかなり役立ちます。

布団に入っている時間は7時間以上あるのに、アプリで確認したら何度も夜中に眠りが浅くなって、5時間しか眠れていなかった、ということもあります。そんなとき、枕を変えたり、空調の温度を変えたりすると、一気に睡眠効率が上がることもあります。

睡眠の質は、健康状態を大きく左右します。

血糖値も、頭痛も、体重も、疲労感も、睡眠を軽視していると、なかなか改善しないのです。

脈拍も測定できると便利です。心拍が上がるような運動を心がけたいですが、脈拍が上がっていることを確認できると、自分にとっての運動のハードさが数字でわかります。そして、ストレスレベルは脈拍に現れますから、どんなときに心が動揺し、落ち着いているのかも客観視できます。

高額・高性能でなくても良いのですが、歩数、睡眠の質、脈拍がわかるものを購入することをお勧めします。

10 睡眠強化（朝型生活）

早起きは三文の徳と言いますが、朝型の生活をすれば長生きできます。人間は昼型の動物ですから、臓器も昼に活動するようにできています。夜は脳も肝臓もお休みモードになっているので、無理矢理働かせるとダメージを受けるのです。

睡眠のゴールデンタイムという考え方は古いと言われることがありますが、それは成長ホルモンの分泌についてしか見ていない考え方だと思います。

人の体は太陽のリズムと連動しているので、23時までに眠ることがとても重要です。太陽に合わせて朝5〜7時に起き、9時頃までに朝日を浴びてセロトニンを分泌させると、21〜3時に眠気が来るようになります。睡眠時間は7時間取るのが理想です。6時間未満では早期死亡率が上がり、血糖高値や肥満、頭痛、認知症、がん、肺炎などを引き起こします。

就寝時間を遅くすると、睡眠時間を削らない限り朝の日光が浴びられません。深夜2時に就寝して7時間眠ったら、もう朝9時。すでにセロトニンを増やすような朝の日光浴ができませんから、寝つきも悪くなり、日中の幸せレベルは下がります。

そして、眠って数時間後から成長ホルモンが分泌されるので、成長ホルモンは遅く寝たら遅い時間に分泌を始めます。成長ホルモンは、骨や筋肉を強くしたり、動脈硬化を予防したり、肌を美しく保つなどさまざまな健康へのメリットをもたらすホルモンです。ところが、明け方になると、眠った時間に関わらずコルチゾールが分泌され始めます。そして、コルチゾールは成長ホルモンをブロックするのです。だから、遅い時間に眠ると成長ホルモンが短時間しか分泌されず、病気になりやすくなるというわけです。

やっぱり早寝早起きが一番健康なのです。心の安定を保つためには早く寝て、7時間の睡眠をとるように心がけ、やりたいことがあるなら朝やりましょう。

もしも眠れなくてお困りでしたら、拙著『こうすれば、夜中に目覚めずぐっすり眠れる』（共栄書房）を読んでください。

11　断酒

断酒と言われても、簡単にはやめられないという方も多いでしょう。それどころか、「なんでやめなきゃいけないの？　唯一のストレス解消を否定しないでよ」という人もいると思います。私もそうでしたから、言いたいことはよくわかります。

それでもはっきり言わせていただきます。お酒はやめたほうが、ストレスが軽くなります。

アルコールを飲むとネガティブな感情が残りやすくなります。ネズミにアルコールを注射すると、注射されていないネズミに比べて、足で感じる電気刺激に対して恐怖で動けなくなる時間が長くなっていたそうです。

飲んだ翌日は嫌な感情で目が覚めることが多いのではないでしょうか?

これが毎日続くとなると、人生の嫌な記憶が積み重なってしまいます。幸せで嬉しいこともたくさんあったのに、嫌なことが頭に多く残っていくなんて悲しいじゃありませんか。「幸せな人生だったな」と最期に感じたいなら、飲酒はしないほうがいいのです。

「そんな大袈裟な」と言われるかもしれませんが、飲酒によって、脳卒中、うつ病、認知症、がんなど、さまざまな健康被害があります。

酒は百薬の長は嘘なのです。少量のお酒は薬、というのも嘘なのです。

近年の調査では、少量の飲酒でも、飲まない人よりは不健康になるというデータが増えています。

さらに、脂肪肝や中性脂肪が高い人は、断酒によってかなり改善しますから、やめてよかったと思うはずです。

飲酒をやめたほうがいい理由について、詳しくは拙著『悪習慣の罠』(扶桑社新書)を読んでいただけたらと思います。

やめたいけれどやめられないという方は、まず1か月の断酒月間にチャレンジすることをお勧めします。飲み会などが多くない月を選んで、その1か月は飲まないと周りに宣言して実行するのです。

そのスタート日が来る前に家のお酒はすべてなくして、始まったらお酒売り場には行かない。もちろんお酒のある飲食店にも行かない。お酒の話は一切しない。ビールのビの字も言わないつもりで。1か月の断酒の間、いろんな感覚や感情を体験すると思います。

飲もうかな、やっぱりやめようかな、というせめぎ合いや、飲めなくてイライラする感覚、飲んでいるときよりも寝つきが悪いかもしれません。それでも、1か月飲まないでいられたら、達成感があります。

断酒月間を終えて久々に飲酒するときは、楽しくないことを一緒にしてください。退屈な本を読んだり、好きではないテレビを見たりしながら飲むのです。お酒が特にストレス解消にはならないと頭にインプットされると、その後飲みたい気持ちが起こりにくくなります。

第5章

こんなふうに取り入れてみよう

では実際に、マインドフルネスを取り入れていきましょう。

呼吸瞑想は、毎日のルーチンにすることをお勧めします。

そして、他の瞑想法も一通りやってみてください。

お気に入りの方法を、お気に入りの時間に、お気に入りの場所で楽しんでやりましょう。

1回の時間は短くてもいいので、長く続けることが大切です。

ここでは、病気別に効果的な取り組み方をご紹介していきます。

メインメニューとサイドメニューに分けて、2つずつ組み合わせました。

性格のタイプや好みによっては別の組み合わせが適していることもあります。

ご自身でいろんな方法をやってみて、自分に合うやり方を見つけてください。

1　肥満症

メインメニュー	サイドメニュー
A　食べる瞑想	a　スマートウォッチ
B　家事の瞑想	b　ファスティング

子育てと仕事で忙しい豊福さんには、まず食べる瞑想を取り入れてもらいました。食べるのに時間がかかるので、初めの一口だけは毎食行うと決めて行ったそうです。これくらい簡単にすると，習慣化しやすくなります。あまり初めからハードルを上げると続きませんから、物足りないくらいから始めましょう。

家事の瞑想も、初めの一皿だけは丁寧にゆっくり行うようにしました。すると、掃除機をかけるときも、洗濯物を干すときも、初めだけはゆっくりと行動するのが当たり前になりました。

豊福さんはやることがいっぱいあって、いつも時間がないという感覚に苦しんでいました。

だから、いつも頭の中は焦っていたのです。掃除機をかけながら洗濯のことを、食事を作りながら仕事のことを考えていました。

ある日、豊福さんは、「ゆっくり動いてもいいんだ」と気が付いたと言います。

それに気づいてから、あえて目の前のことをゆっくり丁寧に行うようにしました。意外なことに、ゆっくり行動しても時間が足りなくなることはありませんでした。むしろ気持ちが楽になり、余裕を感じるようになったそうです。


目の前のことに追われがちな人は、スマートウォッチで日々の活動を後から振り返ることができると便利です。

1日の終わりにその日の活動を見直して、翌日の習慣改善に役立てましょう。また、週に2日のファスティングを取り入れると、減量に効果的です。

「車の中で食べていた朝食を、家で座って食べるようになりました。ゆっくり味わったら食べる量が減りました。

スマートウォッチで睡眠が足りないことに気づいたので早く寝るようになりました。

ファスティングも意外と楽にできています。

特に何も頑張っていませんが、体重が2か月で3キロ減りました」

（豊福さん　32歳・女性）

2　糖尿病

メインメニュー
A　呼吸瞑想
B　ボディースキャン

サイドメニュー
a　ケトン食
b　フリースタイルリブレ

血糖値の高い大山さんには、呼吸瞑想とボディースキャンを1日おきに交互に行ってもらいました。

YouTubeやアプリなどを活用して、毎日の生活に取り入れたそうです。

私のお勧めは、マインドフルネスストレス低減法（MBSR）の8週間プログラムを受けることです。世界で最も信頼性のあるマインドフルネスのプログラムであり、実績も多数です。

オンラインでも受けられて、仲間と共に励まし合いながら行うので、挫折しにくいというメリットもあります。

ケトン食は、初めての人にはハードルが高く感じられるかもしれませんが、オイルコーヒーを取り入れたり、毎日の食事で脂質を増やして糖質を減らす意識を持つだけで、血糖値の改善に役立ちます。

フリースタイルリブレを使えば、どの程度糖質をとっているのかが数字でわかるので、取り組みやすいはずです。

「食べている途中、『お腹がいっぱいだからもうやめよう』という気持ちになったのは、自分でも驚きでした。砂糖入りコーヒーをオイルコーヒーに変えたのですが、エナジードリンクと同じくらい元気が出ます。

リブレで血糖を測ってみたら、オイルコーヒーを飲んだ後は全然血糖が上がらなくて嬉しくなります」

（大山さん　44歳・男性）

3 コレステロール／中性脂肪

メインメニュー	サイドメニュー
A 書く瞑想	a 断酒
B 呼吸瞑想	b ケトン食

いつも怒りや孤独を抱えている勝田さんには、心の中にある気持ちを誰かに聞いてもらったりして心の重荷を下ろす場が必要です。

しかし周りに話せる人がいない場合や、素直に気持ちを吐き出せない人は、書く瞑想がいいでしょう。

そして、呼吸瞑想の時間を作り、静かに自分を客観視するトレーニングが必要です。

さらに脂質異常や脂肪肝がある場合は、アルコールを止めると早く状態が改善します。脂質を増やして糖質を減らせば、さらに血液検査の数値は改善します。

ケトン食を取り入れると、中性脂肪は下がります。

ケトン体によって脳のエネルギーも増やすことができるので、仕事の能率も上がります。


「断酒月間は、初めは辛かったです。

飲めない夜は、書く瞑想と呼吸瞑想をしたら、イライラが鎮まりました。

ケトン食は簡単なオムレツやオイルコーヒー、フリーズドライのスープにオイルを入れたりして、工夫しながら楽しんでやっています。

数値がどんどん良くなって主治医が驚いてましたよ」


（勝田さん　56歳・男性）

4　高血圧

メインメニュー
A　家事の瞑想
B　歩く瞑想

サイドメニュー
a　スマートウォッチ
b　睡眠強化

血圧が高い高杉さんには日常に取り入れる瞑想をお勧めしました。

アマゾンの創始者ジェフ・ベソスがやっていることをお伝えしたら、皿洗いの瞑想に毎日取り組んでくれました。

歩く瞑想は少し難しかったようですが、チャレンジしてくれました。

スマートウォッチを使うことで、運動不足と睡眠不足が明確になるので生活改善が早くなります。

入眠時間を早い時間に決めて、その時間までに仕事を終わらせるように心がけてもらったところ、4時間睡眠が6時間睡眠くらいに伸びました。


「皿洗い瞑想をするようになって、妻が喜んでいます。

寝る時間を早くして睡眠時間を確保した翌日は、血圧が下がるのに気づきました。

歩く瞑想は、つい速く歩いてしまいますが、じっと座る瞑想より向いている気がします。

長く歩くと息切れするので、禁煙しようかなと考えています」

（高杉さん　49歳・男性）

5　過敏性腸症候群

メインメニュー
A　食べる瞑想
B　書く瞑想

サイドメニュー
a　ゴミ拾い
b　映画（泣ける映画）

多くのストレスを抱えて、お腹の症状が続いていた細井さんには、自分とじっくり向き合う、食べる瞑想や書く瞑想がぴったりです。

1日の終わりに自分の感情を紙に書き出すことで、寝つきが良くなったそうです。

休みの日の朝は、ゴミ拾いをしながらウォーキングをしてもらいました。

もともと人の役に立つことが好きな細井さんには、性格に合っていたようです。

先日は地域のビーチクリーン活動に参加して、新しい仲間ができたということでした。

家族でも会社でもないコミュニティでのつながりがあることは、幸福度を上げ、心身に良い影響を与えます。

泣ける映画は、普段人前で泣けない細井さんの緊張をほぐす、いい機会となったようです。


「食べる瞑想をしていたら、加工品より野菜や肉を家で調理して食べたほうが美味しいと感じるようになりました。

そして、そのほうがお腹の調子がいいみたいです。

日記を書くと気持ちが落ち着くので、これからも続けるつもりです」


（細井さん　23歳・女性）

6 頭痛

メインメニュー
A 呼吸瞑想
B 自然を感じる瞑想

サイドメニュー
a フリースタイルリブレ
b 睡眠強化

片頭痛に悩む多くの方は、自律神経のバランスが崩れています。土井さんも、筋肉の緊張が強く、頭や首周りの筋肉を緩めることができていませんでした。

そんな人には呼吸瞑想によって脳波を整えてセロトニンをしっかりと分泌させることが有効です。セロトニンは痛みを軽くする働きがあります。緑を多く視界に入れて自然を感じることも、自律神経を整えてくれます。

さらに呼吸瞑想は、ネガティブな思考を繰り返していることに気づく力を養ってくれます。痛みによってさらに気持ちが落ち込んでいかないよう、この２つのメインメニューで整えます。

そして、土井さんは甘いおやつをよく食べていたので、血糖値スパイクによって片頭痛が悪化していた可能性がありました。ですから、血糖値を低めに安定させることが発作予防に役立ちます。こまめにリブレで血糖値を測定することで、どんな食べ物が血糖値を上げやすいのかがわかって、お菓子を減らすことができました。

睡眠不足も頭痛の原因ですが、なんとなく早く寝ようと思っているだけでは、習慣は変わりません。土井さんは寝る時間は23時より前と決め、それに合わせて予定を立て、行動する習慣を身につけることができました。

「以前はソフトキャンディをいつも持ち歩いて、イライラしたり頭痛がすると食べていましたが、リブレで血糖値が急に上がることがわかったので、やめました。お菓子を減らしたらお腹が空くので、早めに夕食を食べるようなり、その流れで早く寝るようになりました。今は頭痛の回数が半分くらいになりました」

（土井さん　39歳・女性）

7 不眠

メインメニュー
A ボディースキャン
B 書く瞑想

サイドメニュー
a サウナ
b 美姿勢ウォーキング

寝付きの悪い方や、夜中に目が覚める方は、ぜひこのメニューを試してください。

ボディースキャンを寝る前に行うと、体の緊張が取れて副交感神経の働きが高まり、リラックスします。

瞑想アプリや YouTube などを活用してやってみましょう。

また、臼井さんのように不安が強い場合は、抱えている思いを紙に書き出すことでストレスが軽くなります。

サウナは自律神経を整えるので不眠の方にお勧めです。適度な疲労感も眠りをさそってくれます。

寝る直前のサウナは帰って脳が活性化して眠りが浅くなるので、寝る3時間より前に行うのが良いでしょう。

ウォーキングによって日光を浴びてリズミカルに体を動かすと、セロトニンが多く分泌されます。時間は午前中がお勧めです。

美しく姿勢を整えて歩くと、コルチゾールの分泌が減るので、夜中に目が覚めにくくなります。

「今までウォーキングは夕方に行っていたのですが、朝に変えました。

夜中に目が覚める回数が3回から1回くらいに減りました。

サウナには週末だけ行くようにしています。毎回顔を合わせる人と仲良くなったので、楽しみができました。サウナに行って、夜ボディースキャンをすると眠くてたまらなくなって、早く寝てしまいます」

（臼井さん　54歳・女性）

8　物忘れ

メインメニュー
A　自然を感じる瞑想
B　書く瞑想

サイドメニュー
a　ケトン食
b　ゴミ拾い

抑うつの傾向があって物忘れしがちな相田さんは、脳の疲労がたまっていると考えられました。そんなときは、思考の整理がうまくいきません。考えすぎだとわかっていても、心配ごとが湧き起こり、さらに他の考えごとが次々と出てきて、思考があちこちに飛んでいきます。

そこでこのようなときには、いったん外に出て公園などに行くことをお勧めしました。木々の様子や鳥の声など、感じる対象がはっきりしているほうが、考えるモードから感じるモードに切り替えやすいからです。

自宅にいるときは、書く瞑想で考えごとを文字にしてもらいました。これで、ぐるぐると同じようなことを考え続ける思考をストップさせ、思考の整理をすることができます。

さらに認知機能を活性化するために、ケトン食で脳のエネルギーを増やしてもらうことにしました。

地域のゴミ拾いには積極的に参加してもらいました。人との交流が生まれてオキシトシンやセロトニンの分泌が高まり、ポジティブな感情が生まれやすくなります。

「考えごとが止まらないときは、外を歩くか紙に書くという2つのどちらかを行うようにしました。

自然を感じたり、人と話しながらゴミを拾って歩いていると、気持ちが晴れていくのが実感できます。物忘れが全くなくなったわけではありませんが、それについてクヨクヨ考えなくなりました。なんとかなるさと思えるようになったんです」

（相田さん　65歳・男性）

9　ウイルス感染、花粉症

メインメニュー
A　家事の瞑想
B　自然を感じる瞑想

サイドメニュー
a　美姿勢ウォーキング
b　スマートウォッチ

藤井さんは労働時間が長くて睡眠時間が短く、働いていない時間も仕事のことを考え続けていました。

そんな状況にある人には、無理に呼吸瞑想や歩く瞑想を勧めても、じっくり座って取り組む時間を取ろうという気が起こりません。

そこで、家事をマインドフルに行う方法をお伝えしました。さらに、通勤途中で街路樹を歩きながら自然を感じる瞑想を取り入れてもらいました。毎日のルーチンに組み込むことで、無理なく毎日マインドフルネスの時間を確保することができました。仕事の不安で気持ちが暗くなりがちだったので、通勤途中で美姿勢ウォーキングもやってもらいました。

そして一番の問題が、睡眠時間の不足です。

これを改善していただくために、スマートウォッチを勧めました。いきなり早寝を勧めても、習慣を変えるのは難しいものです。そこで睡眠時間を可視化してもらうことで、体調が悪い日は睡眠不足が影響しているという事実に自分で気づくようになり、自主的に習慣を変えることへとつながります。

「ずっと仕事のことで頭を悩ませてイライラしていました。その嫌な感情を紛らわせるために、帰宅したらお酒やスマホで夜更かししていたんです。

お皿を丁寧に洗ったり、外の木を眺めたりするだけで、気持ちがこんなにホッとするとは知りませんでした。早朝の、人が少ない時間に歩くと気持ちがいいから、前より早く寝て早く起きています。鼻炎の薬は今はいらなくなりました」

（藤井さん　34歳・男性）

10 がん

メインメニュー
A 慈悲の瞑想
B 呼吸瞑想

サイドメニュー
a 映画（笑える映画）
b 神社・お寺に行く

川上さんは病気の苦しみに加えて、人を許せない苦しみを抱えていました。そんなときには慈悲の瞑想が役に立ちます。

人を許せない自分さえも受け入れて、まずは自分への愛情を満たしていくことが必要です。

そして、呼吸瞑想は心と体の緊張をほぐして、幸せを感じる力を高めてくれます。

また、笑いは最高の免疫強化剤です。今まで見て面白かった映画を見直したり、新しいコメディーを探してみるのもいいでしょう。声をあげて笑い、恐れや不快感を吹き飛ばしてしまいましょう。

そしてお気に入りの神社やお寺に行き、祈りを捧げましょう。自分や誰かの幸福を心から願うとき、自分の心が満たされます。

「呼吸瞑想は、朝行われているオンラインの瞑想会に参加しています。画面上でも同じ時間に同じ体験をすることで人とのつながりが感じられるので、朝から楽しい気持ちで瞑想できています。

慈悲の瞑想を初めて行ったときは涙が止まりませんでした。今までたくさんのことを犠牲にして生きてきたけれど、これからは思いやりと笑顔をたくさんの人に与えていきたいと思うようになりました。

告知を受けたときは、諦めの気持ちでいっぱいでしたが、今は、治療を積極的に受けてみようという気持ちになっています」

（川上さん　75歳、女性）

おわりに

私は、マインドフルネスとは「自分への愛」だと思っています。自分に愛情を注いであげられていない人があまりに多すぎます。本当は大好きなはずの自分をいたわってあげられないのはなぜでしょうか。

多くの人の体が悲鳴を上げています。頭はズキズキと痛み、ひどく疲れて、疲れているのに眠れない。それなのに、体には目もくれず忙しく働き続ける。人の期待に応えることや、将来の夢を叶えるために今を犠牲にするしかないと信じているかのようです。

無視された体は、ますます何かの症状で訴えるでしょう。

「こっちを見てください。私は傷ついていますよ」と。

どうか立ち止まって、自分の心と体に目をやり「どうしたの?」と優しく声をかけてあげてください。医師の役割は病気を見つけて治療することですが、患者は医師に自分の体を任せっぱなしではいけません。自分の子供が泣いて訴えてきたとき、他の誰かに「泣き止ませて」と任せるでしょうか? そんなことをしても子供は泣き止まないでしょう。他の誰でもない「あなた」に気づいてほしいのです。

マインドフルネスは、自分との対話でもあります。

人との信頼関係は一度、長い時間話したからといって作られるものではありません。短い会話であっても何度も会ううちに、いつの間にか築き上げられていくものです。

マインドフルネスも同じです。ちょっとしたことでも、短い時間でもいいので、長く継続することに意味があります。

毎朝起きたら、ひと呼吸しながら、「今日の私、調子はどう？」と微笑んで問いかけてあげる。そんなことでもいいのです。続けていれば、あなたの心と体は、答えてくれるようになります。

紹介した方法を読んで「これをやってみようかな」と、興味が湧くものがあったなら、ぜひ始めてみてください。

そして、楽しみながら継続しましょう。

もし中断する日があっても、失敗ではありません。忘れていたら、またそこから始めたら良いのです。

この本の執筆にあたっては、多くの方のご協力をいただきました。私の体を気遣い、家事を手伝ってくれ、たくさんの笑顔をくれる家族、いつも応援してくれる友人たち、そして他にも多くの方々に支えられてこの本ができました。心から感謝の意を評します。スールの森井二美子様、小松初美様には企画段階から著者の私の強みを引き出してくださいました。そして、長い間の願いであったマインドフルネスと健康のつながりについての本を作るという夢を叶えてくださいました。本当にありがとうございました。

途中でご紹介した85歳まで現役医師として働いた父は、本文を書き終えたあと、この「おわりに」を書くまえに急逝しました。ストレスでがんになった父のことを本に書いてもいいかと聞いたとき、ニコニコして「いいよ」と言っておりました。出来上がった本を見せることができませんでしたが、みなさんが読んでくださっていることを喜んでいると思います。

以前、私が遠方に旅行する際に「遠いのよねー」と愚痴を言ったとき、父はこう言いました。

「旅の楽しみは、目的地だけじゃない。道中を楽しめ」

私たちの人生もまさに、同じことが言えると思います。

ゴールばかりに目を奪われず、今生きているという喜びをしっかり感じて、命を輝かせましょう。

最後までお読みいただき、ありがとうございました。

あなたが今も、これからも、幸せで健康でありますように。

令和6年6月

山下あきこ

《参考論文》

1. 中性脂肪 /HDL コレステロール比と小型 LDL コレステロールについて
Maruyama C, Imamura K, Teramoto T. Assessment of LDL particle size by triglyceride/HDL-cholesterol ratio in non-diabetic, healthy subjects without prominent hyperlipidemia. J Atheroscler Thromb. 2003; 10(3): 186-191

2. 中性脂肪 /HDL コレステロール比と冠動脈疾患について
da Luz PL, Favarato D, Faria-Neto JR Jr, et al. High ratio of triglycerides to HDL-cholesterol predicts extensive coronary disease. Clinics (Sao Paulo). 2008; 63(4): 427-432

3. 喫煙に関する認知バイアス
竹林正樹ら、なぜナッジで行動を後押しできるのか?—経済学から見たナッジ—、日健教誌 , 2023; 31(2): 68-74

4. マインドフルネスとインフルエンザワクチン
Davidson RJ, Kabat-Zinn J, Schumacher J, et al. Alterations in brain and immune function produced by mindfulness meditation. Psychosom Med 2003; 65(4): 564-570

《参考図書》

Camilla Sanderson, The Mini Book of Mindfulness Simple Meditation Practices to Help You Live in the Moment. Runnning Press Book Publishers, 2016

ジョン・カバットジン『マインドフルネスストレス低減法』2007、北大路書房

有田秀穂、井上ウィマラ『瞑想脳を拓く』2007、佼成出版社

高橋徳『人は愛することで健康になれる（愛のホルモン・オキシトシン）』2014、知道出版

NHK スペシャル取材班『キラーストレス　心と体をどう守るか』2016、NHK 出版

萩原圭祐『ケトン食の名医が教える 糖質制限はやらなくていい エビデンスにもとづいた科学的に正しい食事』2023、ダイヤモンド社

《著者紹介》

山下あきこ

内科医、脳神経内科医、医学博士
医療法人社団如水会今村病院　神経内科
株式会社マインドフルヘルス代表

佐賀県鳥栖市生まれ。1999年 川崎医科大学卒業、総合診療部に入局。2001年 福岡大学病院神経内科に入局。2005年 フロリダ州メイヨークリニックジャクソンビル神経内科に留学し、パーキンソン病について研究。2006年 Movement Disorder Societyにて国際学会で若手研究者の賞を取得。2007年 如水会今村病院理事、脳神経内科医として勤務。

2016年 株式会社マインドフルヘルスを設立。マインドフルネス、well-being、栄養、運動、睡眠、脱依存、習慣化という7つの要素を軸にした「セブンアプローチ」という健康法を提唱。

現在は、診療、産業医活動、YouTube配信、執筆などを行っている。

著書に、『やせる呼吸』二見書房、『こうすれば、夜中に目覚めずぐっすり眠れる』共栄書房、『死ぬまで若々しく元気に生きるための賢い食べ方』あさ出版、『悪習慣の罠』扶桑社新書、『「やめられない」を「やめる」本』小学館などがある。

Dr. あきこの公式 LINE

「Mindful Health」　読者特典パスワード：mind2024
お友達登録して、パスワードをメッセージで送っていただくと、
以下の2つの読者特典をプレゼント。
自然を感じる瞑想 Dr. あきこによる音声ガイド
慈悲の瞑想 Dr. あきこによる音声ガイド

Dr. あきこの YouTube

「マインドフル睡眠チャンネル」
マインドフルネス、高血圧、コレステロールのことなど、さまざまな
最新健康情報をお伝えしています。

マインドフルネスこそ最強のクスリ

2024年7月1日　初版 第1刷発行

著　者　山下あきこ
デザイン　PINE 小松 利光
イラスト　いなのべいくこ
発行者　小松 初美・森井 二美子
発行所　株式会社 スール
東京都世田谷区玉川田園調布 2-12-7-103（〒158-0085）
TEL：03-5755-5474　FAX：03-5755-5484
印　刷　中央精版印刷株式会社

ISBN978-4-911266-00-7 C0011
定価はカバーに表示してあります。
落丁本・乱丁本の場合はお取り替えいたします。